「協働」は対等で

A New Phase of Collaboration

証言で綴るパートナーシップ・サポートセンターの20年

岸田 眞代

パートナーシップ・サポートセンター

風媒社

はじめに

　NPO法が成立し、今年でちょうど20年。パートナーシップ・サポートセンターも（PSC）も2018年7月で満20年を迎える。NPO法人は5万を超える一方で、財政難に苦しみ後継者不足に悩み、果たしてこれでいいのかとの問題提起がいたるところでなされるようになった。行政のNPO支援政策は今やなきに等しく、施策として何ら具体策が見いだせない現況の中、NPOはどのような展望を持つことができるのだろう。果たして期待された市民による社会貢献活動の促進母体として、存続し続けることは可能なのだろうか。

　「パートナーシップ」をテーマに、名古屋という地から、日本全国に、世界に目を向けて頑張ってきた1NPOの20年間を総括し、成果と課題を明らかにしながら、今後のNPOや中間支援のあり方についてヒントが示せたら……との想いで実践の歴史をひも解いてみた。

　何かをやることで生じるリスクと、やらないで先送りにすることで生じるリスクが仮に同じであれば、「安全」よりも「チャレンジ」の姿勢を優先してきた。ここぞという時はしつこいくらいに粘ってもきた。それでもだめなら、あっさりとあきらめる、そんな繰り返しがこの20年だったように思う。

　すでに出来上がった地図を示して宝物さがしを指示するよりは、自由に使えるコンパスを次世代に渡したい。20年のあいだに古くなってしまった地図をそのまま手渡すのではなく、どんなコンパスを手に未知の「NPOと企業の協働」というビジョンを切り拓いてきたのかを、心をこめて次世代に伝え、手渡していきたい。安全であることよりは、多少のリスクがあっても、今やるべきことを見逃さないことが今の時代に求められていると思うからである。

はじめに

　PSCの20年をまとめるにあたって、設立前後から現在に至るまで、PSC
に係わってくれた方たちのなかから、貴重な証言や想い出を数多くいた
だくことができた。これらを随所に盛り込みながら、創設者であり、事
務局長、代表理事としてPSCに係わってきた私の目を通して、20年間の
歩みを振り返っていきたい。できるだけ客観的であることを心掛けたつ
もりではあるが、立場が違えば見え方もきっと変わってくるに相違ない。
その意味で時に主観的な記述が生じるであろうことを、はじめにお断り
しておきたい。

岸田眞代

◉目次 ⋯⋯⋯⋯⋯⋯⋯⋯⋯⋯⋯⋯⋯⋯⋯⋯⋯⋯⋯⋯⋯⋯⋯⋯⋯⋯⋯⋯⋯⋯⋯⋯⋯⋯

第4章◉「アイデアコンテスト」と「まちP」への移行　85

第7章◉新しいページをめくって～PSCの運営を支えた人々　154

プロローグ

「第12回日本パートナーシップ大賞」の舞台は国際会議

　舞台で、大柄な村雲辰善さんがマイクを手に、いくぶん紅潮しながらもにこやかな表情で、身振り豊かにプレゼンテーションしている。その横で、スーパーホテルの芦村尚悟さんが、誇らしく、しかし少々気恥しそうにそれを見ている。そして自分の番になると準備してきたものを読み上げる。中央のスクリーンは岐阜県東白川村の森と緑の風景とそこでの活動を大きく写し出している。

　人口わずか2300人余の村のヒノキで作られた風呂桶、風呂椅子、消臭スプレーなど、東白川村を拠点に展開された株式会社スーパーホテルとNPO法人青空見聞塾の協働事業が、このプレゼンで一躍注目事業となり、小さな村に大きな成果をもたらした。

　「第12回日本パートナーシップ大賞」グランプリに輝いたこの「ムラ流社会貢献型人材育成プログラム」

「第12回日本パートナーシップ大賞」
下は受賞者と審査員

事業である。表彰式には、これまでの11回とはまるで異なる人たちが詰め掛けていた。その渦の中で、晴れやかに、しかしちょっぴり照れくさそうに、村雲さんと芦村さんが佇んでいる。

　「第12回日本パートナーシップ大賞」は、これまでとは趣を異にし、華やかな舞台で展開された。2017年３月８−９日、六本木の東京ミッドタウン。サステナブル・ブランドを掲げ「存在意義を揺り動かせ」をテーマとした東京初開催の国際会議である。これまで世界11カ国12都市で開催されてきた国際会議を日本へ導入した主催者は、ドキドキの２日間であったろう。が、当時大注目を集めていた小池百合子都知事が都政を語り、海外からのスピーカーや大手企業経営者等が次々に登壇し、充実した内容の国際会議となった。そのなかの１つ「スペシャルアワードイベント」として、「第12回日本パートナーシップ大賞」が９日に実施されたのである。

　これまでNPO／NGOとの係わりのあまりなかった主催者にとって、それはリスクを背負った冒険であった。また同時に、アワードの主催者である私たちパートナーシップ・サポートセンターにとっては、大きなチャレンジであった。世間の注目という点では、これまでの我々主催のイベントと企業中心の国際会議とでは比較にならない。そのPR効果たるや、私たち地方NPOのこれまでの頑張りなど到底足元にも及ばない。とはいえ、実は際立っていたのは、やはり「NPOと企業によるプレゼン」の内容そのものであった。

　大舞台で青空見聞塾の村雲さんがプレゼンテーションし、その横にスーパーホテルの芦村さんが、それを見上げる。中央のスクリーンには岐阜県東白川村の森と緑の自然、東濃ヒノキの風呂桶、風呂椅子が映し出され、両者の協働の成果の一面を見事に捉え、ユニークかつそれぞれの存在意義を「ムラ（村）流」として意気高く示したことは、すでに記したとおりである。

　プレゼンが終わると、舞台袖から見上げていた審査員が質問を投げかける。登壇者がそれに答える。会場では一般参加者らがそれらを見守り、各自が点数をつける。いずれ劣らぬ力のこもったNPO、企業両者によるプレゼンが続く。そのなかで、この事業は、審査員全員が一致、文句なしのグランプリ受賞となった。「全員一致」は近年なかなか見られなかっ

たなかで、この事業とそのプレゼンは審査員みんなの心をつかんだのだ。

　パートナーシップは、両者の強い想いによって結び付く。互いの切磋琢磨で徐々に形を成し、やがて実を結ぶ。なかには結ばずに落ちていく実もあり、逆に思った以上に大きな実になることもある。丸い実ばかりではない。たとえいびつな実であっても、その味をかみしめてみるのも悪くない。

　NPOと企業の協働、そしてその推進を20年にわたって図ってきたPSC。実は果たして結実したのだろうか。その実は甘かったのか苦かったのか。いったいどんな実をつけたのか、それを自ら探る20年である。

第1章◉ 全国初のミッション 「NPOと企業の協働」を掲げて

消えた進行表

　パートナーシップ・サポートセンター（PSC）が誕生したのは1998年7月17日、NPO法がその年の3月に制定され12月に施行される、まさにまっただ中であった。

　平日にもかかわらず、設立総会会場のウィルあいち（名古屋市中区）大会議室には150名もの人が集まった。日本初の「企業とNPOのパートナーシップ」というコンセプトに関心を寄せてくれた人の意外な多さに、関係者も少なからず興奮していた。

　今も思い出すのは、その設立総会の舞台袖で、この日この時のために自分でしっかり準備していた進行表、どんな言葉を使おうかと苦心しながら綴ったはずの紙が、直前にどこかに消えてしまったことである。自分の管理不足にあきれ返ったものの、時間が迫り探すのをあきらめ、「こういうこともある……」と覚悟を決めて、何も持たずに舞台に上がった。

1998年7月17日の設立総会

　設立趣旨から事業概要、運営方針……。事務局長としてマイクを握りしめ、徒手空拳で進行する羽目になったあの時、正直、内心冷や汗ものだった。しかし誰にも気づかれずに、その場を何とか乗り切れたのは、ある意味で自信につながった。自分の頭で考

え、一から自分で準備していたことゆえ、きっと自然に頭の中にたたき込まれていたのであろう。これまで誰にも話したことのない、設立当日のちょっとした裏話である。

　こうして、「P研」（正式名称は「パートナーシップ研究会準備会」）と呼んだ２年間にわたる設立準備期間を経て、PSCは任意団体として正式に船出した。20年前の真夏だった。

NPOとの出合い

　ここでPSC誕生の前史に少し触れておこう。なぜ「NPO」だったのか。なぜ「企業とNPOのパートナーシップ」だったのか――。

　設立からさかのぼること5年。1993年の夏、ふとしたきっかけで私は直接何の関係もない、全国の家庭科教師たちの夏の合宿に参加させてもらうことになった。オープンな合宿だったし、友人から「箱根で開かれる」と聞いて、それなら行ってみたいなと単純に思ったのである。合宿のプログラムの分科会にいくつか顔を出す中、衝撃的な出合いを果たしたのが、「NPO」だった。

　初めて聞くその言葉。講師として参加していた山岸秀雄さん（当時・NPO推進フォーラム代表）が話される言葉の新鮮さに驚いた。当時、産能大学（現・産業能率大学）の社会人研修講師として全国各地で企業向けの研修を専門に行っていた私にとって、それはまさに今まで耳にしたことのない内容であった。

　「ホントにそんな世界があるの――？」

　産能大学の社会人研修の講師のオーディションを受けた当時（1989年）、私の唯一のオリジナルな講義内容は、自分で開発した「リーダーに求められる要件・能力（自己分析200問チェック）」をもとにプログラミングした「リーダー研修」であった。それをオーディションで披露して合格し、企業等を対象とした社会人研修講師となった。

　正式に採用されると、新入社員研修やコミュニケーション研修など、産能大学で身に付けた内容で研修することも多かったが、時として企業や

女性センターのようなところで「女性リーダー研修」を求められることもあった。

ところが、このリーダー研修を受講した、主に大企業で働く女性たちから、「この研修を上司にぜひ受けてもらいたい」「私がいくらリーダーシップを学んでも、企業の中でそれを発揮できない」「リーダーになれる場がない」「企業の体質を何とかしてほしい」という声が、たびたび寄せられたのである。

そんな折、夏の箱根合宿で山岸さんから聞くアメリカ社会は、日本企業で働く女性たちから聞いた日本社会の姿とまったく異なるように思えた。「その背景にNPOがあるのではないか?」「NPOが女性活躍の場を提供している」と、頭の中のアンテナがピーンと立ったのである。もしかしたら彼女たちの、あの悩みに応えられるかも知れない。

「女性の活躍」「能力開発」をキーワードにした何かがそこあるに違いない。そう閃いた。

初めて聞く「NPO」というものが何なのか、まだ十分に理解はできてはいなかったが、ともかく直接触れてみたい。この目で見てみなければと、興味関心を大いに駆り立てられた。そして翌々月に予定されていた山岸さんのアメリカ視察団に、私は急遽加えてもらうことにした。

サンフランシスコ視察

1993年10月、私をふくむ視察団6人(5人は男性)はサンフランシスコを中心に、「NPOなるもの」をともかく見て回った。

天安門事件の時、いち早く事件の実態を世界に発信したNGO。英語が読めない市民から不当に徴収していたお金を電話会社から吐き出させ、それを基金にわかりやすい冊子を発行した財団。白衣で医者の権威を振りかざすのではなく、普段着のままで診療を行う地域密着型非営利診療所……等々、日本との社会の仕組みの違いをまざまざと見せつけられた視察であった。

「これこそ市民社会」という実感を持つことができたのも、この小さな

ツアーのおかげであった。NPOというものの姿が、おぼろげながらもつかめたことは、自分が何をすべきかもやもやしていた私にとって大きなターニングポイントとなった。しかも、そのNPOの現場に出てくる人たちの多くが、私と同じ女性たちだったのである。彼女たちは実に活き活きと活動していた。

1993年、アメリカ西海岸NPO視察

それまでも女性の再就職の雑誌の発行など、「女性」にターゲットを絞って活動していた私ではあったが、企業向け研修講師になってみると、実際に企業で働く女性たちにとって、職場そのものが女性にとっての能力発揮の場になり得ていないという日本社会の現実を目の当たりにした。そのために女性たちは日々苦しみ悩まされているという日本企業の実態。それを打開する道として、日本にはまだ存在しない、「NPOというもうひとつの世界」があるのではないか。

これまでまったく知らなかった世界。それを企業とどう結び付ければ、女性にとっても生きやすい世界となるのだろうか。活き活きとした生活や職場が取り戻せるのだろうか。

そんな新たなテーマを突き付けられた気がした。

1993年11月1日、この時の視察が『中日新聞』に記事として掲載された。異業種交流で知り合った女性記者が、私のアメリカ視察を知って「NPO」がどういうものかを書いてほしいと言ってきたのであった。「NPO」という文字が中部地方の一般紙に初めて掲載された記念すべき紙面であった。

名古屋で初のNPOセミナー開催

帰国後、何とか名古屋でもNPOをと考えた私は、翌94年「NPOセミ

『中日新聞』
1993年11月1日

ナー」を開催することにした。

　当時私は、名ばかりではあったが会社を立ち上げていた。「女性の自立と能力開発を応援する」をキャッチフレーズに、女性向け再就職情報誌の発行（のちに厚労省の仕事の一部として採用）や、女性たちの能力開発のための新聞連載記事を書くなどの活動をしていた。

　例えば『中部経済新聞』に、「中間管理職～女性社員育成への道」（1994.2.22～4.6。計31回）、「たかが制服　されど制服」（1994.11.9～12.31。計38回）の連載を持った。再就職情報誌は、人材派遣会社の統括責任者として係わって始めた事業の１つだったが、その人材派遣会社が親会社の都合で閉鎖になったために、私の会社が引き継いで出すことにしたのである。この情報誌は、名古屋市から派遣されたアメリカ５都市の視察（1990年）とも関係があり、当時スタンフォード大学の中にあった、子連れの学生たちの就職相談センターからヒントを得ていた。ともかくも「女性の能力開発を応援したい」、私の行動はそこに力点が置かれていた。

（スタンフォード大学のそのセンターが、いわゆるNPOであったことも、あとで知ることとなった。）

　94年、アメリカで出会ったNPOの女性リーダーを初めて名古屋に呼びセミナーを開催した。第1回目はジョン・マサオカさんという日系2世の方であった。アメリカ視察で知り合った、「日本太平洋資料ネットワーク（JPRN）」という在米日本人たちがつくった団体（NGO）が東京でイベントを行い、私がパネリストとして出演したことがきっかけとなった。

　ひとりでセミナーを開くのは初めてだったので、心もとなさから当時名古屋の市民活動をけん引していた人たちに声をかけ、共催に名前を連ねていただいた。しかし結局は、ひとりでNPOセミナー開催に向けて奔走していた。

　その年、続けてNPOセミナーを行うことになった。女性会館や愛知県中小企業センタービルの1室を借り、1994年の5月、10月、11月と3回開催した。アメリカの活動家の来日に合わせて、名古屋にも来てもらったのである。

　しかし、当時はまだ「NPO」という言葉では人が多くは集まらなかった。1回あたり10数人というところだったろうか。それでもそこに集まった人たちが、のちに名古屋の新しい市民活動の礎を築いていくことになったのは、決して偶然ではない。翌95年、名古屋で「市民活動の発展を考える討論会」が立ち上がった。以前から積極的に活動していた人たちに加え、94年のNPOセミナーに参加した人たちがいつしか中心メンバーとなっていった。

　初のNPOを意識した市民活動団体が立ちあがったのである。この組織は96年に「市民フォーラム21」と名称を変え、97年には「市民フォーラム21・NPOセンター」（SF21）として、名古屋初のNPO支援組織誕生につながっていった。私もその活動の真っただ中に身を置き、理事に名を連ねていた。その後、拠点となった「NPOプラザなごや」にPSCの会員企業である企業（三井海上）から机やいすなど、金額にすれば800万円相当にものぼる什器備品を譲り受ける仲介の役割を担ったりもした。

　PSCは、名古屋市池下駅近くの私の会社の事務所を共有して発足させていたが、NPOプラザなごやの2階にも1室を確保した。1年遅れて発足したPSCの事務局長としてスタートを切っていた頃である。

「企業とNPOの協働」というコンセプト

　話は少し前後するが、1996年に第1回「企業とNPOのパートナーシップスタディツアー」を企画した。私はすでに、企業とNPOのパートナーシップを念頭に活動していた。なぜなら、NPOの活動はどうしても資金が大きなネックになる。SF21をみんなで創った時も、場所の問題以上に、組織をどう運営し維持していくかが大きなテーマだった。理事の間でも議論は尽きなかった。当面、常駐するスタッフの給料を理事たちで支え合うことになり、私も自分の財布からいくらかを提供していた。

　そうしたNPOの本質的な課題に、企業研修の講師を専門としていた私には、このNPOの活動に「企業を巻き込むべきだ」という信念が徐々に生まれていった。同時に、企業の風土そのものを変えていきたいという思いも強くあった。企業で働く人も、企業のあり方にみなが満足しているわけではない。企業研修をしていればそれはひしひしと伝わってくる。そうであれば、企業の人たちの中に社会との接点、地域への目を養う仕組みがあってもいいのではないか。そのためにNPOとの関係をつくっていけば、NPOと企業の両者にとってプラスになるのではないか——、そんな思いを抱くようになった。

　市民活動に参加する人の中には、「企業は悪」と考える人が一定程度存在する。しかし、当然のことだが企業で働く人たちすべてが「悪人」であるはずがない。ボランティアをしながら、会社の中ではそんなことはおくびにも出せず小さくなっている人がいるという現実も、研修の中で知った。

　こういう人にこそ、本当は表舞台に出てもらいたい……。それならば、働く人たちが主役になるために、NPOとの関係をつくっていってはどうだろう。そんな思いで企画したのが、「企業とNPOのパートナーシップ

スタディツアー」だった。

　ツアーのいきさつについてはここでは省略するが（中日新聞連載「一週一話」1996.9.16〜9.19に詳しい）、この初企画のツアーに参加してくれたのが、当時デンソーの総務部長であった面高俊文さんであった。

　この時から20年間、理事、監事としてPSCを支え続けてきてくれた面高さんに当時を振り返っていただいた（次頁）。

　その後、「デンソーユニティサービス」（デンソーの総務部門子会社）の初代代表取締役となった面高さんは、「企業が立ち上げた日本初のNPO「アジア車イス交流センター」設立で名を残すことができたのをはじめ、多くのNPO役員を務めてきたが、すべてPSCにおける知識・経験がベースになりました」と記している。

　付け加えておくならば、面高さんとの縁で、もともと私の専門領域でもある社会人研修の1つである「ビジネスマナー＆マインド研修」を、PSCの仕事として、ユニティの中途採用者を対象に、年1〜2回実施させていただいている。もう20年近くになる。

　さらに面高さんは、ユニティ内での女性の活躍に積極的に取り組んだことも特筆しておかなければならない。私も当時よくユニティの女性たちの集まりに駆り出された。というより、私の研修に併せて女性たちの会議が開かれ、そこに参加させていただいたり、はたまた食事をご一緒したりと、ユニティという新しい会社の創成期をともに拝見させていただいた。そのころ出会った女性たちとは今もユニティに行けば言葉を交わす。ユニティでは今も毎年研修を続けさせていただいている。社長は面高さんから数えて3代目となった。

　同じ96年のツアーに、面高さんと一緒に参加したのが、トヨタ自動車の池上博身さんである。

　「この視察で組織や税制等の仕組みについて先進NPOの実態・課題を把握できたことは、その後のPSCの活動、会社の社会貢献自主プログラムを推進する上で大きな支えとなりました」と書いている。帰国直後の池

汗と涙の事例集　　　　　　　　　面高俊文（元デンソー総務部長）

PSCとの係わり　1996年8月「NPOと企業のインターフェイスについて」学ぶため、トヨタグループの3名（トヨタ、アイシン、デンソー）が岸田さんのガイドのもとアメリカへ出張、企業のコミュニティ・インボルブメントに触れていたく感激。

　これを機会に96年11月に「パートナーシップ研究所」を岸田さんが立ち上げ、98年7月のPSC設立に向けての準備運動を開始、飯田経夫氏を理事長にスタートしたPSCの役員の中に私の名前もあります。以来20年近くPSCとの関わりが続いています。

　この間、様々な人との関わり、多様な経験（楽しく・厳しく・辛い・貴重な…）を重ねてきました。幸い、個人的には会社での立場にも恵まれ、日本初の企業が立ち上げたNPO「アジア車いす交流センター」設立で名を残すことができたのを初め、多くのNPO役員を務めてきましたが、すべてPSCにおける知識・経験がベースになりました。岸田さんには、いつも「市民」として「企業」に厳しい意見をいただきました。本当にありがとう。

PSCの組織や事業がもたらした最も重要な「こと」「もの」は？

①何と言っても「パートナーシップ大賞」事業です。NPOと企業のパートナーシップの創出・発掘・横展というPSCの理念を体現するプログラムは「協働」のシンボルとして時代を画するものと自負できると思います。

②特に、現場をしっかり押さえて評価するシステムは、我々企業人の「5ゲン主義」となじみが良く、長続きの要因だと思われます。またP賞を通じて全国のNPOや企業との関係づくりはPSCの実力向上にもつながったものと考えます。

③エピソードは数限りなくありますが、パートナーシップ大賞関係では「事例集」の原稿書きが本当に苦しい作業でした。今読み返してみても、素人の自分がよく書けたものだと改めて自分に感心します。逆に皆さんの貴重な記録は今後の「NPOと企業のパートナーシップ」の充実・進化に際し、大いに貢献できるものと思います。

　それが重要と思われた理由は？　PSCのミッションそのものを体現するプログラムであり、当然のことです。ただし、このシンボル・プログラムの他に、人材育成や情報提供、調査・研究（アメリカにも行きました）など、基盤づくりの努力も欠かさなかったこれまでのPSCのプログラムは評価に値すると思います。

私と PSC

池上博身（元トヨタ自動車総務部）

　私（トヨタ自動車）と岸田さん（PSC）との最初の出会いは、1995、6年頃、市民フォーラム21・NPOセンターの会合の席であったかと思います。

　当時私は、自らが起案した会社の社会貢献活動見直し（1995年）を受ける形で、新たな活動スタイルとしての「社会貢献自主プログラム」の推進に取り組んでおりました。そこで大きな課題として表れてきたのが、95年阪神淡路大震災を契機とした社員ボランティア活動の推進であり、さらにそれを大きな市民社会の仕組みそのものに組み込んでしまおうという市民活動へのサポートというものでした。端的に言えば、会社の社会貢献活動パートナーとしてふさわしいNPOを発掘する必要があって、それ以前からつながりのあったHさんのパイプで市民フォーラムの会合に参加させていただいたというわけです。

　そこで、強く逆アプローチを受けたのが岸田さんでした。当時、人材育成コンサルタント会社を主宰されており、新しい時代の流れを見据えた「企業とNPOの連携による豊かな市民社会づくり」を目指しておられました。

　企業は寄付してくれるだけの相手でありNPO主体で自らのための市民社会づくりを目指す他のNPOメンバーとは全くスタンスが異なっていました。

　96年夏にはデンソーさんのお誘いもあり、米国サンフランシスコ、ニューヨークでのNPO視察ツアー参加にまで進展しました。この視察で組織や税制等の仕組みについて先進NPOの実態・課題を把握できたことは、その後のPSCの活動、会社の社会貢献自主プログラムを推進する上で大きな支えとなりました。

　視察ツアーから帰った後は、PSC準備会立ち上げ、法人化に伴う定款作成等諸手続き、NPO講座の企画実施などに、10年以上企画運営委員として関わらせていただきました。

上さんから「人生のエポックメイキングになった」とメールが届き、興奮さめやらない様子がひしひしと伝わってきた。

　池上さんは、企画運営委員として初期のPSCを大いに支えてくださった方でもある。当時はトヨタ自動車という世界に冠たる大企業がNPOとの協働に注目してくれたというだけで、PSCの存在意義を見いだせた時代でもあった。

第１回スタディツアーの成果

ツアーがきっかけでトヨタ自動車、デンソーとの関係ができ、このまま「さようなら」ではもったいないと考えた。

ツアー自体はまだNPOとして主催したわけではなく、あくまで私の会社が主催し、実施を「日本太平洋資料ネットワーク（JPRN）」にお願いした。ともかくもツアー終了後、このツアーの成果をしっかりと報告書にまとめようと考えた。訪問先の記録は、参加者に振り分け、ともかく視察の内容をそれぞれまとめていただくこととした。報告書のまとめは、ツアー参加者のひとりでもあり、ツアー前から仕事上の知り合いでもあった竹内瞳さんにお願いした。彼女には産能大学の講師として広島に行った時、事務局としていろいろと面倒を見ていただいていた。

初めてのツアーを中日新聞紙上で報告
（1996.9.16）

ツアーは8月23日から9月１日までの10日間。そして164ページの冊子「企業とNPOのパートナーシップ PART１―サンフランシスコ・ニューヨーク編」は10月31日に完成した。何という早さ！　竹内さんの頑張りに負うところ大である。

冊子の最初のページには、9名のツアー参加者とJPRNの通訳、それに当時アメリカで学生生活をはじめたばかりの私の娘が写真に収まっている。余談ではあるが、当時まだアメリカ在住１年足らずだった娘も通訳として協力してくれたのである。ミュージカルやスポーツ観戦のチケットを取ったり、ポイントポイントで結構役に立ってもらった。彼女にはその

後もPSCツアーのたびに通訳やコーディネーターとして手伝ってもらった。NPOについての知識も身につけていき、時にはアメリカにおける交渉事を頼めるまでになった。

「前段はPSCでNPOの勉強をし、後段はビジョンづくりという時に、またまたPSCのアメリカツアーに参加し、その時の資料が役に立った」と面高さんは振り返る。2000年の第4回ツアーのアメリカ資料を示しながら、「初回は手探りで見るもの聞くものはじめてのことばかりだったが、次に行った時は目的を持って探りに行ったから、日米同じ課題を抱えていることも、同時にその解決策も手に入れ、ユニティの経営方針に即反映していった」と。PSCのツアーを大いに利用していただいたのである。

このツアーに至る背景を記しておこう。1995年に国連の女性会議が北京で開かれた時、北京で出会ったのが大嵜由紀子さんという少し年上の女性であった。彼女は、デトロイト郊外に拠点を置くデンソーセールス（現・デンソーアメリカ）の元副社長・大嵜順弘氏の夫人であった。ご自身も社会福祉分野での専門職として、夫の駐在員時代を通して多様なボランティア活動をしていた経験から、企業の社会貢献の理念、活動に少なからぬ関心を寄せていることがわかり、何とかその出会いとつながりを活かせないものかと考えた。その後日本に帰り、いよいよNPOと企業のパートナーシップに焦点を当てツアー企画を進めていた私は、大嵜さんを通じて、当時のデンソーの田辺常務（のち副社長、副会長）に毛筆で手紙を書き送った。ちょうどデンソー50周年記念事業の準備段階であることを知ったからでもあった。

大嵜さんを伴って田辺常務に面会し、協力を仰いだ。田辺氏は、その場で「トヨタグループに声をかけてみよう」と快諾してくれた。それまで自分が研修講師として係わった企業に声をかけ、その中からNTT関係会社など1〜2社が反応してくれたものの、ツアーが成立する数には到達していなかった。産能大学の竹内瞳さんや名古屋の女性の異業種グループで知りあった大手証券会社や生保の女性なども加えて、何とか5、6

人までは集まったが、そこから先が進まなかった。そこにトヨタグループから３名という願ってもない強力な参加者を得て、とにもかくにも自分で１から企画したツアーが成立したのであった。

1992年に経団連に社会貢献委員会ができ、その初代委員長がトヨタ自動車の豊田章一郎氏だったこともあり、トヨタグループとしては何としても企業の社会貢献で先頭を走らなければならなかった。彼らが必死でそれを探っている時に、運よく声をかけることができたのは、まさに時代の要請であり、大嶌さん抜きには語れない出発であった。

企業がNPOに目を向ける先駆けをこの時つくったのは間違いない。私のねらいはまさにそこにあった。

企業に地域や社会に目を向けてもらいたい。企業内でボランティアしている人たちが小さくなっているのではなく、彼らこそ地域や社会で起きているさまざまな課題を企業に持ち込んでくれる大切な存在なのだ。そんな思いから、私は「彼らを『新窓際族』と名付けよう！」と新聞で書いた。息苦しい存在としての企業ではなく、それぞれが活き活きと暮らしていく場として、個人が大切にされる社会であり、企業であってほしい。それがPSCに寄せる私の大きな願いでもあった。

当時のアメリカ社会は、その私の想いをはるかに超える形で応えてくれた。企業がNPOや地域とこんなふうに係わっているのだということを、見事に示してくれたのだ。日本の企業人にとって、それは新鮮かつ大きな驚きとして受け止められた。企業が取り組むべき材料を、見事に提供してくれたのである。その後、面高さんも池上さんも、そして大嶌さんもPSCの理事や企画委員として、長く貢献していただいた。

アメリカツアーの２回目（1997年）、デトロイトで出会った江口建之さんのコメントを紹介しておこう。江口さんは、「フォーカス・ホープ」という巨大NPO（NGO）がフォードの広大な工場跡地を見事に有効活用しているという、日本では到底考えられないNPO現場を見せていただく原動力となってくれた方でもある。今やご自身がNPOの活動をされているのもうれしい。

デトロイトはまさに大嵜さんの拠点でもあり、現地を知りつくした大嵜さんが宿泊ホテルなどにご尽力いただいた思い出の地でもある。

私の NPO 開眼　　　　江口建之
（NPO 法人小平市民活動ネットワーク副理事長・
（有）EMI コンサルティング代表取締役）

　岸田さんと小職の出会いは、日本でNPO法案ができる前、1997年PSCによるアメリカ視察調査団の代表として2回目の視察調査で来られたデトロイトでお会いしたのがきっかけでした。当時私はデトロイト日本商工会の事務局長として在デトロイト日系企業230社、商工会登録社員とそのご家族を合わせ約5000人の在留邦人のお世話をする仕事に従事しておりました。商工会には団員として参加されておられたデンソーさんの方から、デンソー・デトロイト事務所（デンソー米国本社）を通じてのご連絡でした。

　早速商工会・商工部会の方々との合同会議と、ご要請に基づきNPO法人フォーカス・ホープ（Focus: HOPE）との面談及び現場視察を手配しました。フォーカス・ホープは1967年のデトロイト暴動後、W.T.カニンガム神父、エレノル・M.ヨサンティスを中心として人種問題、貧困及び不正を克服するための幅広い支援を行う米国を代表するNPOに成長しております（この辺の内容は『NPOと企業』という本に記述されておられます）。

　元商社出身でNPOのことなど何も知らなかった私にとり岸田さんからお聞きした日本でもNPO法が近々制定されること、NPO先進国アメリカの実情を見学することで、私は初めてこれからの日本もアメリカをモデルにしたNPO分野が誕生し、拡大する方向に向かうだろうという確信を持ちました。

　2001年春、滞米生活を切り上げて帰国した私は、早速名古屋のPSCに岸田さんを訪ね、後日私の生活の場・東京都小平市で立ち上がりつつあったNPO法人小平市民活動ネットワークの理事に就任（現在は副理事長）、市の指定管理者として市民活動支援センター "あすぴあ" の運営にも関わっております。岸田さんにも一度こちらでご講演をお願いしました。市内にある4大学の学生に市民活動を夏休み中に体験してもらう事業を始めて14年目を迎えております。

　デトロイトという町でのちょっとした出会いが、1人の企業OBの老後人生を豊かに変え、奉仕し、頼られる喜びを味わうことにつながる "気づきと絆" のありがたさを噛みしめている今日です。

協働の原点
第2章● 〜企業の要請から始まった「NPO喫茶」

　すべてはアメリカへの視察から始まった、といってもいい船出であったが、パートナーシップ・サポートセンター（PSC）らしい最初の協働事業は、まぎれもなく「NPO喫茶」であった。これは、いまなお続いている事業である。

　「PSCらしい」という意味はいくつかある。1つは、事業そのものが「企業とNPOの協働」であること。2つ目は、そのきっかけが企業からの要請であり、それに応えて「NPOとの協働」をつくり出していったこと。3つ目は、あくまで中間支援という裏方として契約や現場を支えていることである。

　もちろん事業をめぐっての展開は、それ以上にPSCらしいと言えるかもしれない。当初の1企業と2NPOによる協働によって生じたさまざまな課題を「協働評価」という視点でとらえて、NPO学会で発表し、それがのちに「パートナーシップ大賞」とその評価システムへとつながっていった。

　以下、当時の原稿（「NPO喫茶」をめぐる企業とNPOとインターミディアリー）をもとに、「NPO喫茶」の始まりのころの息吹と葛藤と、そして新たな模索へとつながる歴史のひとこまを少し覗いておこう。

事業概要

　三井海上（現三井住友海上、以下当時の社名記載）名古屋ビルの1階にある喫茶店「CAFE IRIS」は、30坪の御影石の床に白い大理石のテーブル9卓。黒革の椅子36脚を配し、大きなガラス窓と高い天井がおしゃれな空間を演出しています。テーブルにはいつも季節の小さな花が飾られ、おいしいコーヒーと

心のこもった応対や雰囲気づくりで、訪れるお客さまにくつろぎと安らぎを提供しています。が、普通の喫茶店とは少し違っています。

ここは、NPOが経営・運営する喫茶店として、女性問題研究グループ「サンアイリス」と障がい者（聴覚・知的）と健常者によるグループ「スペイス21」が、交代で月曜日か

1999年3月にオープンしたNPO喫茶「カフェアイリス」

ら金曜日の10時半から16時まで、三井海上の社員を中心にコーヒーやお昼の軽食を提供しています。

「NPO喫茶」の誕生

「CAFE IRIS」が事業を開始したのは、1999年3月4日。その2カ月前、それまで三井海上名古屋ビルで1階喫茶店と14階社員食堂の業務委託を受けていた業者が、営業不振を理由に2月に撤退するのをきっかけに、同じような民間業者では運営上無理があると判断、三井海上としてはどうすべきか摸索していました。

この時、「NPOに任せてみてはどうか」と大胆な発想を試みたのが、当時三井海上中部総務部の社会貢献担当になって半年、東京から転勤してきたばかりの吉田勇総務課長でした。三井海上が、企業とNPOのパートナーシップを推進するNPO「パートナーシップ・サポートセンター」の企業会員になったのも、吉田課長が名古屋着任早々参加したPSCの設立総会（1998年7月17日）がきっかけでした。

吉田さんの上司である当時の杉田教夫中部総務部長の支持を得て、白羽の矢を立てたのが、同じくPSCの会員であり、津市役所内で6年近く喫茶店経営の実績をもつ女性問題研究グループ「TSU・アイリス」（柏木はるみ代表/三重県津市）でした。

実は、99年1月早々開かれたPSCの理事・企画委員による恒例の新春合宿

（蒲郡）に参加した吉田さんが、「ビジネスマンとOLのコミュニケーションの場で、身障者が働けて当社社員の意識向上につながるような運営はできないだろうか」—帰り道そうつぶやいたひとことに、柏木さんが「私たちはそういう喫茶店をすでに6年間も津市役所内でやっていて、その収益は私たちの活動に活かしてますよ」と話したのが始まりでした。

　三井海上から相談を受けたPSCの事務局長（岸田）は、「うまくいけば企業とNPOのパートナーシップ事業化1号ですね。やりましょう」と、間に入って調整役を努めることに合意し、やるならできるだけ早くしなければ別の業者が入る可能性もあると、それぞれが組織としての意思決定を行い、最終合意後約10日間という最短距離で実現にこぎつけたのでした。

　三井海上側の条件は、「賃料も光熱費もゼロ、什器備品無償貸与。ただ社会活動につながる喫茶店にしてほしい」ということでした。これは、それまでの業者との条件に大差があったわけでは決してありません。「社会活動」という新たなNPO支援というキーワードを除いては。

　しかし、「TSU・アイリス」のメンバーが将来にわたって三重県から名古屋まで通い続けるのは大変との読みから、愛知県内の交流のあった同じ女性問題研究グループ（「サンアイリス」）とPSCルートで自然食グループの2つの団体に声をかけ、まったく喫茶店事業などはじめてという彼女たちに、コーヒーの淹れ方、運び方から仕入れや保健所の許可など、基本的な運営方法についてノウハウを伝授していきました。

　最初にこの店の店長として派遣されたのは、「TSU・アイリス」のメンバーとしては新人でしたが、いずれ自分でもお店を開きたいという希望を持っていた、亀山在住の橋本正子さんでした。2時間近くかけて毎週1、2回、1年余りにわたって名古屋まで通うことになったのです。

協働事業の推進体制とその方法

　NPO喫茶「CAFE IRIS」の組織形態としては、必要に応じて経営上の基本について協議・決定する三井海上／ PSC ／店長の3者による「経営会議」（年2〜3回）と、喫茶店運営に従事している各団体の代表者らによる月1回の

定期的「運営会議」（アドバイザーとしでPSC、場所提供者として三井海上も参加）があります。

　「経営会議」では運営責任者（店長）の決定。運営に係わる団体の採用、承認等に責任を持ち、「運営会議」は売上・配分の決定・報告の他、メニューや価格、日常の具体的運営方法等について責任をもち、合意を原則として進めています。

　場所・什器備品・光熱費は三井海上が無償提供し、日常運営に関する食材費・交通費・事務費他は、運営を担当している団体が売上から捻出するという基本的な分担をしています。

　利益は、運営に要した実費（食材費・交通費他）と運営積み立て金（月1万円）を確保の後、運営担当団体およびコーディネーターとして参加しているPSCに各5％振り分けます。その残りを、働いた人数の総時間を計算して各団体に配分しています。ちなみに、2000年7-9月期は、運営2団体への労働による配分は、それぞれ約36万円と37万円で、時給計算をするとひとり1時間480円に満たない額にしかなりません。しかし、各団体にとっては資金源としてそれぞれの活動に自由に活かされていると同時に、NPO喫茶の経営というはじめての体験を通してさまざまな学びを積み重ねています。（以下略）

（「企業&NPOのためのパートナーシップ・ガイド」2001.3発行より
「NPO喫茶をめぐる企業とNPOとインターミディアリー」岸田眞代　参照）

　当時、実際に運営に携わっていたのは、「サンアイリス」の女性6名と「スペイス21」の健常者3名・聴覚障がい者3名・知的障がい者1名だった。障がい者もほとんどお客様の注文を間違えず、活き活きとサービスできるようになっていった。

　その後開始2カ月後に、自然食グループが店内の喫煙問題で撤退するという第1の障害にぶつかり（現在は全面禁煙）、そしてさらに自然食グループの代わりに入った、障がい者と健常者のグループ「スペイス21」と女性グループ「サンアイリス」との間にも障がい者と健常者の働き方をどうとらえるかという第2の障害が浮上した。企業とNPO、NPO同

士のそれぞれの価値観、リーダーシップやマネジメント等、事業を続けるうえでの困難が一気に噴き出した１年でもあった。

実は、本来こんな時が、アドバイザーであり中間支援組織としてのPSCの出番であった。

実際の運営団体は、法人格を持たず、規模も極めて小さかったということもあり、この協働事業の実施に当たって、三井海上は、特定非営利活動法人としての法人格を持つPSC（1999.9に登記）があいだに入る、つまりコーディネート機能を持つことで、信用を担保していたのである。

団体間の感情や考え方の行き違いの時には、問題を提起したグループの代表と「TSU・アイリス」の代表、そしてPSC事務局長の私が話し合いの場をもつことによってそれぞれの言い分を聞くという、緩衝の役割を果たすことになった。さらに、賃金の計算方法をめぐる問題の折には、月１回の運営会議に積極的に参加して成り行きを見守り、必要に応じてアドバイスをしていった。三井海上も、こうした課題は基本的には運営団体間で解決すべき課題としながらも、会議にはできるだけ出席し、求められれば意見を言うという姿勢を貫くようになっていったのである。

ところが、NPO喫茶が２年目に入るという時にまたまた大きな課題にぶつかった。三井海上の担当者吉田課長もその上司杉田中部総務部長も転勤になるという思わぬ事態にぶつかったのだ。担当者らは、何としても次の人に引き継ぎたいと、正式の契約書をかわしておこうということになったまではよかった。しかし、その内容はいわゆる「使用貸借契約書」で、三井海上とPSCとの間での契約を前提にしたものだった。それは実態にそぐわない。運営は２つの団体である。しかし本社との契約になる以上、現時点では運営主体の小規模団体では了解が得られないと、何度も何度もやり取りをした。

ついにPSCとしては撤退もやむなし、というところまでいったのである。しかし吉田課長が「宝石のように大切にしたい」というほど、すでに三井海上名古屋ビル１階になくてはならないものになっていたNPO喫茶を、勝手にやめることはできない。最終的にPSCの理事会に諮るこ

とにした。その結果、契約主体はPSCにするものの、三井海上が理事に入ることでその経営責任を担保するというところに落ち着いたのである。

この契約をめぐって、企業がNPOを評価したり信頼する視点、その基準をどこに置くのか、パートナーとして事業継続していくために必要なものはいったい何か、またその中で法人格を持つインターミディアリーの果たす役割など、いくつもの課題を提起してくれたのであった。

こうした経緯を踏まえ、協働事業の目的、自分たちの満足度や相手に対する期待や評価をそれぞれの団体、企業に尋ねてみた。その結果、2つの団体に大きな差があることがわかったのである。一方、三井海上にも同じ質問を投げかけてみたところ、最初の担当者と次に担当した人の間にも差が生じていることがわかった。

実際の体験をもとに、企業にとってもNPOにとっても、それぞれがさらに活き活きと手を結ぶためにそれぞれの求めているものをしっかり把握し、対等な関係を結んでいくための積極的な新しい取り組みが必要だということが、この事業を通じて明らかになった。

三井海上中部総務部の当時総務部長だった杉田さんは、NPO喫茶をきっかけにPSCの視察ツアーに参加され、その後も深くPSCに係わっていただくことになった。理事としての期間はPSCの理事会や企画運営委員会、時には総会など、会場提供に力を貸してくださったことをはじめ、東京への異動後も「パートナーシップ大賞」事業を中心に、PSCに大いに貢献してくださった。特筆すべきは、企業人でありながら大企業に常に厳しい目を向け、むしろ組合側、労働者側、ひいては弱者に立った意見を述べ続けたその存在は貴重であった。

また、津アイリスの代表であった柏木さんも、PSC主催の海外視察にも何度か参加され、理事としても長く係わってくださった。その後、津市市会議員や三重県男女共同参画センター所長の公募にチャレンジして務めるなど、大いに活躍されている。

私を変えたPSC　　　　　　　　杉田教夫（元三井海上中部総務部長）

　もう20年以上前になります。企業の人材育成部門にいた私は、女子社員教育の講師をしていただくことになった岸田さんと東京で初めてお会いしました。そのとき、岸田さんからいただいたもう１枚の名刺に「NPO」の文字があり、心を揺さぶられたのですが、企業の社会貢献は部門が違う、岸田さんは名古屋だということでそれっきりになっていました。

　そして３年後、転勤で名古屋に異動になり、社会貢献も担当に入り、さあどうしようかというときにちょうどPSCの発足の会の情報を得て担当者を派遣したのが始まりです。

　企業の社会貢献活動の在り方についてアドバイスを受け、会社のビルの１階にある喫茶スペースをPSCのコーディネートで障がいのある人たちの自立を助けるNPOに運営してもらうなど、ユニークな活動は社内外で評価されました。NPO喫茶は現在も続いています。

　私自身は名古屋には2年しかいませんでしたが、パートナーシップ大賞事業には運営委員や調査委員として第１回から現在までずっと係わり続けています。パートナーシップ大賞事業が始まる前、企業とNPOのパートナーシップの先進事例を学ぼうという「スタディツアー」がPSCで企画されました。ともかく参加してみようということだったのですが、大いに学ぶところがあったのです。とりわけ、日本にはまだない、NPOが企業を評価するという「社会的責任投資」に強い刺激を受け帰ってきたのです。ところがしばらくすると、日本で初めての「社会的責任投資」ができたという記事をみつけ、そのNPOを尋ね、３年後には企業を早期退職し、そのNPOで「社会的責任投資」に関わる企業評価の仕事をするようになったのです。

　私にとって、大きな人生の選択、進路の変更になりました。おわかりの通り、私の人生を変えてしまったのは、岸田さんです！　どうしてくれる‼

　……今も日々の生活の大きな時間を非営利の団体の一員として活動しており、老後も時間を持てあますことなく有意義に過ごしています。

　その柏木さんに、NPO喫茶について、約20年ぶりに当時のことを思い出していただいた。

東海から全国に発信した協働事業

柏木はるみ（津アイリス代表、生活協同組合コープみえ顧問）

　岸田さんと、私が立ち上げたグループ「TSU・アイリス」との出会いを紹介してみたい。1989年にスタートした私たちの団体が、1996年11月、「津市市民文化奨励賞」を受賞することになり、その「記念講演会&交流会」の基調講演講師を岸田さんにお願いしたことが始まりだった。

　それを機に、「パートナーシップ研究会準備会」「パートナーシップ基礎講座」等に参加の為、私は足繁く名古屋に通うことになった。そんな流れの中で、PSC設立時に理事に就任することとなった。

　私にとって印象深い事業を紹介してみたい。1999年3月、三井住友海上火災ビル1階に「NPOカフェアイリス」が開店した際の基盤作りに貢献できたと自負している。名古屋の女性グループに喫茶店のノウハウと運営を引き継ぐ為、約1年間ほぼ毎日、会員が交代で名古屋まで通った。今日まで企業とNPOの協働事業は続いていて、経産省のHPにも紹介されている、成功事例として特筆できる。

　PSCが実施した1997年「アメリカのNPO視察」、その後の2005年「CSRスタディツアー inヨーロッパ」海外研修で見聞きした全ての体験が、私の活動の指針となり、レガシーとなっている。

　2008年、10周年を迎えたPSCから「事業の発展に貢献した功績に対しての感謝状」を頂戴したが、私の方こそ、PSCから大きな影響を受け、貴重な学びさせてもらったことに幾倍も感謝している。

　当時津アイリスの会員になった直後ながら、名古屋担当として三重県亀山市からNPO喫茶に通ってくれた橋本さん。最初は「私にはできない。無理」と消極的だったが、NPO喫茶で働く人たちに対する厨房指導や従業員育成、さらに商品開発などの経験を積み、その後お兄さんの経営する事業所内に洋菓子店をオープンさせ、さらに、出店は厳しいと言われる伊勢の「おかげ横丁」にまで進出した。当時橋本さんを登用した柏木さん自身が目を見張るほどの積極的な行動で、しかも結果を出しているという。

　当時、２つのNPOの個性や考え方の違い、企業との関係づくり等に悩んだり心を砕いたりしたことが、橋本さんの成長に大いに役立ったのだろうと、柏木さんは分析している。

NPO学会での評価

　このNPO喫茶は、期せずしてその後のPSCの活動に大きな意味と役割をもたらすこととなった。それは、「協働評価」という、当時としては全く新しい概念の提起であり、実践にもとづいた「評価指標」の提起でもあった。

　「NPOと企業の協働」ということ自体が、まだ概念としては必ずしも確立されてはいなかったが、その現実的な実践とそこで実際に行った評価を、初めて世に問うたのである。当時「パートナーシップ評価」（協働事業推進のための指標）として、NPO喫茶の経験の中で考え、まとめたものを紹介しよう。

　「協働事業を始めるにあたって」の心構えを、
　　　　１．何を実現したいか（目的・ミッション）
　　　　２．そのために自分が足りないものは何か（自己分析・自己評価）
　　　　３．相手に何を求めるか（補完役割期待）
　　　　４．相手を選ぶ基準は何か（優先順位）
の４点にまとめ、それぞれにいくつかの視点を提示した。

　４の優先順位を例にとれば、組織、人、情報、技術・技能、仕事の出来、その他に分けさらに細目を提示し、各自が優先順位として上位に位置づけるものを聞いている。

　また、事業終了後もしくは事業進行中の「協働事業評価」については、
　　　　１．目的達成度（実現の度合い、合致度、影響度）
　　　　２．自己満足度（補完度、成長の度合い、愉快度）
　　　　３．役割期待度（分担感、助け合い度）
　　　　４．発展性（発展性、継続性）

の10項目を5段階評価でつけるのだが、事業によりそれらの比重を自分たちで設定可能とし、総合得点を100点として点数化できるものにした。

実際にこの指標を使って、NPO喫茶に係わるNPO 2団体と企業である三井海上の担当者による評価を点数化してもらった。

ここからそれぞれの期待や思惑、現状への評価が、みごとに見えてきた。100点満点で見ると、88点をつけた障がい者団体に対し、54点しかつけなかった愛知の女性団体。また企業の前任担当者の86点に対し、それを引き継いだ担当者の60点。こうして、協働に対するそれぞれの期待や係わり方がよく見えてきた。

これらを論文にまとめ、2001年3月に行われた「日本NPO学会第3回大会」で発表した。「NPO評価・企業評価・パートナーシップ評価」というストレートなタイトルだが、『協働評価』としては日本初であったのだろうか、当時大きな注目をいただき、その年の日本NPO学会の発表者で最も関心を集めた発表者として記録に残っている。

もちろん、この評価はNPO喫茶に対してのみ行ったわけではない。NPOと企業の協働事業として当時私が関心を寄せていた、三井海上のライバル会社でもあるY火災（当時）の人形劇場の協働事業についても調査し、それぞれに評価をしてもらった。

こちらは企業のメセナ活動として人形劇専門のホールを提供し、NPOは子ども向けに人形劇を上演するという、当時すでに十数年の実績を持つ、地域文化に貢献している協働運営の事業であった。当時は「NPOと企業の協働」という認識よりは、むしろ「演ずる者と観る者が一緒になって作り上げること」をコンセプトにしたこの協働事業は、NPOが76点、企業が72点とほぼ一致した評価をしていたのも、対比としてとても興味深い結果となった。

これらの結果を、アメリカ視察ですでにインタビューしていた「ドラッカー財団」の「パートナーシップのタイプ」にあてはめてみることで、より日本のNPOと企業の協働の現状が見えてきた。「チャリティ」

から「トランザクション」「インテグレーション・アライアンス」への移行を意識するきっかけともなった（表1参照）。

表1　NPOと企業のパートナーシップ・タイプ

	I チャリティ型	II トランザクション型	III インテグレーション型
A 目的共有度	企業がNPOへ主に資金（寄付）による支援を行うケース	企業とNPOが個々にパートナーシップの目的を持つ	企業とNPOがパートナーシップにおいて共同の目的を持ち、かつそれが社会に対して一定の役割を果たしているケース
B 対社会への 働きかけ	企業側からは、チャリティという概念	結果として互いにメリットがある関係を作っているケース	社会に対してNPOと企業が協働して働きかけていく。プロジェクト開発やサービス提供を行う
C 協働の感覚	NPO側は、心理的に企業に対して感謝の気持を抱く	互いにパートナーという意識が生まれはじめ、相互理解と信用によって成り立つ	「私たち」という意味で一体化した考え方が定着し、戦略的に幅広く活動を共有する関係
D 戦略度	互いの事業は独立しており、かぎられた範囲内での協働	NPOと企業の間にミッションや価値観において類似点がみられ、能力を互いに交換できる関係。リスクの少ない成功を前提としたパートナーシップ	パートナーシップを戦略ツールとして使用し、使命・価値観を共有
E 関係期待度	企業がNPOに求める期待度は低い	組織を通じて個人的な接触がある場合が多く、リーダーのレベルで強いつながりがある	企業では従業員が直接かかわる機会が提供され、組織間で深い人間関係が築かれ、相互の組織文化に影響を与える関係

出所：James E. Austin, *The Collaboration Challenge*,
　　　Josey-Bass Publisher, 2000　等を参考に作成

こうして、おそらく日本初の「NPOと企業の協働評価」、オリジナルの評価視点を世に問うことができ、また日本NPO学会という公の場で客観的に評価をいただけるレベルであったことから、評価への確信が生まれ、その評価を基礎に「パートナーシップ大賞」というPSCのメイン事業が、現実のものになっていったのであった。

　2000年度には「評価委員会」、そして2001年度春から「パートナーシップ大賞運営委員会」を立ち上げ、毎月1回、理事や企画委員に有志が集まり、パートナーシップ大賞の目的と意義、実施要綱や評価基準などについて、検討を重ねていった。

　当時静岡県の企画部情報政策室にいた河井孝仁さん（現・東海大学教授）は、こうした流れに積極的に係わっていただいたお1人である。スタディツアーへの参加、パートナーシップ大賞の調査員、運営委員、PSC理事と一貫してPSCに係わり続けてくださっている。

　こうした心強い、頼りになる仲間がいたからこそのパートナーシップ大賞であり、PSCであることは改めて言うまでもない。

　NPO喫茶「CAFE IRIS」オープンから19年。「カフェアイリス」と表記は変わったが、今もNPOと企業との協働は続いている。ただし、NPOは2010年から「ゆめネット」という社会福祉法人に代わった。彼らとの出会いは後述の「協働アイデアコンテスト」であるが、その後PSCが事務所の隣につくったインキュベートオフィスを一時期利用してくれたこともある団体だ。組織もこれまでとは違い、法人格を持つ大きな団体となった。

　障がい者NPO（「スペイス21」）が、自分たちの本来の活動拠点である町にできた新しい施設で、喫茶店を引き受けるという新たなチャレンジをきっかけに、これまで担当していた2つのNPOが退き、「ゆめネット」がNPO喫茶を引き継いだ。

　2団体から1団体になったことで、これまでのNPO間の調整は必要なくなり、障がい者も聴覚障がいから知的障がいに変わったものの、その

PSC が先導した NPO 協働評価に関わって

河井孝仁（東海大学教授）

　最初にPSCに関わったのは、当時、社会人大学院生だった私の研究領域が「NPO評価」だったからだ。その頃、PSCは中間支援組織としてNPO評価にも積極的に取り組んでいた。多くの中間支援組織が、単に、地域のNPOの支援や連携をミッションとしていたことに対し、評価の重要性を明確にしていた組織は多くはなかった。

　PSCが行ったアメリカでのNPO視察調査にも参加し、海外でのNPO評価についても知見を深めることができた。特に、NPOによる企業評価にも関わる「ソーシャルインベストメント（社会的責任投資）」について学べたことは強い印象として残っている。NPO評価、NPOによる企業評価の視点は、PSCでは単体としての組織評価にとどまらず「協働評価」という形に発展していた。この協働評価を理論的にも基礎付けるため、PSCのメンバーとして海外文献も読み、海外から研究者も招請した。

　「協働評価」が実際に活用されるフィールドがパートナーシップ大賞である。私は、こうした経緯から、第1回パートナーシップ大賞を実現するためのファンドレイジングや協働評価のフレームワーク形成にあたって一定の役割を果たすことができた。

　その後、私は、行政広報やシティプロモーション、地域メディアなどについて研究者としての活動を行うこととなった。そうした研究を深めるなかで「地域経営」という考え方を提起することとなり、その概念は、NPOと企業、行政の協働の重要性とも深く関わることとなった。こうした研究関心は、パートナーシップ大賞にも重なる部分が多く、PSCの活動にも関与できる部分が多くなった。

　パートナーシップ大賞の運営、調査、評価、成果としての出版などに積極的に関わることができたのは、私にとって、極めて大きな意義を持ったと考えている。

采配はほぼすべて「ゆめネット」が負う形となった。

　法人格を持っていることからPSC抜きで企業と直接契約しても、基本的に大きな支障はすでになくなっている。

２つ目の喫茶運営〜「Ｂカフェ」事件

　その後、ある経済団体の教育施設であるビルの要請で、PSCはそこの喫茶店を任されることになった。三井住友海上（合併により名称変更）での喫茶運営をたまたま見たというその施設の専務から、「うちの喫茶店でもやってくれないか」と打診を受けたのである。まだ２NPOによる運営が続いていた頃だった。

　しかし２つのNPOが、新たな喫茶運営にまでは手が回らないことは明白だったため、他の会員NPOに声をかけ、いっしょに下見に行ったりした。しかし、NPOでそれを担うまでの自信が当時まだなく、また喫茶店の場所を移動させる可能性が出てきたこともあって、いったん話は立ち消えになった。しかし会館を新しくしたのに伴って、２度目のオファーをいただいたのである。

　当時、三井住友海上名古屋ビルのNPO喫茶の担当は、私から別のスタッフに移っていた。NPOもすでに「ゆめネット」という、ほぼ任せていける団体に代わっていた。２度目のオナァーということもあり、いきさつも知っていたスタッフにビル側との交渉を任せ、その運営も「ゆめネット」が担うということで、2014年春から新しい喫茶の運営を始めることになった。三井住友海上の喫茶に準じていけばいいという判断だった。

　オープンからスタッフはつきっきりで新しい喫茶「Ｂカフェ」の運営に係わった。三井住友海上の店と違っていたのは、食事を提供することだった。各種研修等で利用する人や、入居企業の社員たちのランチである。もちろん喫茶が主であることには違いないが、軽食とはいえ、担当者はそのメニューにいろいろと心を砕いた。ビルに目的があって訪れる人、あるいはサラリーマンなどの利用客に合わせて、ご飯類、麺類、パン食など工夫を凝らしてメニューを考えた。売れるもの、あまり売れないものなど検討をし、また季節に合わせてメニューの検討を重ねていった。それらは月１回の会議で担当者から報告され、ビルオーナーを含めた３者間で意見交換を行った。

　PSCの担当スタッフが辞めることになり、再び私が担当を引き継いで数カ月たった時のことである。「ゆめネット」が事業の拡大により人手が足りなくなり、Bカフェから手を引きたいという相談がもたらされた。その事業というのは、彼らにとってのミッションそのもので、反対する理由はなかった。「大いにやるべき」と理事長を激励した。

　「あとをどうするかについての案を提示してほしい」とお願いしていたところ、次にBカフェを担当してくれる団体を、「ゆめネット」の関係団体から見つけてくれた。「ゆめネット」と同じく障がい者団体で、すでに別の公的施設でお弁当の提供をしているという。ただ、PSCの会員団体ではなかった。基本的にこうした協働の相手は会員であることを前提としてきたが、「いずれ会員になってもらえば」と考えた。何よりサービスを途切れさせることなく、Bカフェの運営を引き継いでくれる団体が決まり、ある意味ホッとしたのだ。

　ところが、月1回のミーティングに出るようになってから1年近く経った2月。新しい団体への移行も何とか目途が立ち、これを機にその団体と直接契約をしてもらった方がPSCの負担は減る。現状から判断するならそのほうがいいかも知れないと考えていたところ、施設の担当者から意外な声を聞くことになった。

　「実は、契約書がそのままになっているんですよね」

　唐突に意外なことを言われて、驚いた。

　どういうことか——。スタッフに任せきりにしていたことを強く後悔した。最初の契約の時に「三井住友海上と同じ条件で」と話をしたきり、オープンから今までの3年間それを確かめないできたことに、今さらながら気がついたのだった。

　ビル側も、契約書をそのまま放置してたということに他ならない。ミーティングに出席しているビル担当者は、私が出席するようになってからも気持よく係わってくれていた。新しい団体への移行についても、すんなりと受け入れてくれた。お互いに何の違和感もなく付き合ってきた。彼らからすれば、1円も支払わずに喫茶店運営に係わってくれたPSCに文

句を言う筋合いは何1つない。

　今さらスタッフを咎（とが）めても仕方ない。こうした協働で行う事業というのは、お互いの信頼の上に立つものであり、だからこそ会員であることを前提としてやっているのだと、十分理解していると思っていた。三井住友海上のNPO喫茶の担当者を長年やってきているのだから、当然わかっているはずと思っていた。そこに落とし穴があったのだ。

　ビル側の専務に丁重に毛筆でお手紙も出した。会費請求もさせていただいた。が、結局梨のつぶてであった。

　協働は信頼できる人とでなければやはり続かないものである。

　現在も三井住友海上で「NPO喫茶アイリス」を担っていただいている「ゆめネット」の鷹巣孝久理事長は、障がい者支援事業を徐々に拡大させながらも、「NPO喫茶がその一端を担い、確実に意味を持って展開している」と、健常者と障がい者がともに働く喫茶店を高く評価する。

　三井住友海上という大企業の社員らを中心とした来店客に、障がい者自身が毎月順番に考えて提供する「○○さんの△△」（例：2017年11月は「真実さんのブルーベリーミルクティ」）という月限定ドリンクは、個人名付きのメニューを載せることで彼らのやる気をかきたてる。

　支援スタッフも月1回のキャンペーンを展開したり、テイクアウトを導入したり、また14階で社員らが食堂として利用している場所でもコーヒーの無人販売をするなど、工夫を重ねて少しずつ売り上げを伸ばしている。

　それを中部総務部長という立場から応援してくれているのがPSC理事でもある大谷さんであり、NPO喫茶を担当してくれているSさんである（2018年3月まで）。毎月1回の定例ミーティング（三井住友海上・ゆめネット・PSC）で出た意見などをもとに、社員への働きかけを、社内メールなどを通じて行ってくれているのだ。

　大谷太助さんは、NPO喫茶の担当である中部総務部長（PSC理事）として、初代杉田さんから数えていったい何代目になるだろう。ずいぶん

NPO 喫茶アイリスを任されて

鷹巣孝久（社会福祉法人ゆめネット理事長）

　NPO喫茶アイリスを担当してよかったことはたくさんありますが、主な2つをあげると、①知的障がいのある方にとって素敵な働く場、活躍の場を得られたこと、②パートナーの三井住友海上の社員の方をはじめ、カフェを通じて多くのお客様とふれあえたこと、です。

　目下、大きな困難を感じていることはありませんが、パートタイムスタッフさんの活躍でお店が成り立っているため、そのスタッフさんの体調不良時などのシフト調整は大変です。また、稼ぐことのみを目的としていないのですが、続けていくために少しでも利益が多く残せるように努めています。

　お店に携わっている人たちは、健常スタッフで言えば、就労現場でのやさしい支援とは、「甘やかすことではなく、厳しくも成長につなげ、働ける力をつけていってもらう指導」である、という就労支援に気づかせてもらえたことは大きな収穫です。また、三井住友海上様とのやりとりを通じて、福祉業界の常識は世間の非常識と知ることも多く、社会人としてビジネスマナーを学べています。障がいのある利用者さんが仕事を通じて成長をしていくさまも身近に見られやりがいを感じられています。

　また障がいのあるスタッフの場合は、ビル内ということで極めて安心安全の環境ではありますが、カフェとして一般のお客様とふれあえ、仕事の経験を積めることは貴重であり、ここで仕事を覚え、法人直営の一般カフェで働けるようになった利用者さんもいます。名古屋駅、地下街を歩いて通勤するのは街で働いている感覚が強く、誇りや喜びにつながっているようです。

　経営・運営の面からみれば、法人経営にとっては、店舗運営にかかる家賃、水道光熱費等を支援していただいているのは大変ありがたいです。支援をいただいている分、指導員を手厚く配置し、障がい者が学び成長することをいっそう丁寧にサポートできています。受けている支援を、障がい者の自立支援を通じて社会に返していけているか？　まだまだ甘えているところが多く反省です。また、三井住友海上さんのカフェをお任せいただいている実績は私たちにとっての自信と誇りにつながっています。

　小さなトライ・アンド・エラーを繰り返しながら、小さな成功体験を積んでいくには、カフェアイリスのあり方はぴったりです。目先の稼ぎよりも、支援や教育、トレーニングの場としてすべてのスタッフの成長につながっています。

多くの方が中部総務部長として異動で名古屋に来られ、そして2～3年でまた戻って行かれた。NPO喫茶にも、それぞれの想いとかたちで向き合ってくださった。

　大谷さんは、NPO喫茶だけでなく、就任以来PSCともいろいろ係わりを持ってくださった。そして、NPO喫茶にも深い愛情をもって、ご自分が利用するだけでなく、社員へも積極的に呼びかけてくださった。

　「多くの人が会社などで忙しく働く中、様々な会社の機能（有用資産の所有、多数の人が属する集合体など）を活かし、社会貢献していることを実感しつつ無理なくできる取り組みは、社会貢献のすそ野を広げる意味で有意義だと思います」と、協働企業の立場からNPO喫茶の意義を語ってくれている。

無理なく実感できる社会貢献

大谷太助（元三井住友海上 中部総務部長）

　会社内の異動で2016年4月から18年3月までの2年間PSCの理事をさせていただきました。PSCの組織や事業がもたらしてくれたのは、様々なNPO法人がある中で、いくつかの先と接点が持て、社会貢献に関与できたことです。
　一般企業で働いているとNPO法人とあまり接する機会がなく、社会貢献できるチャンスがあっても活かしきれていないと感じています。例えば、グループ内の企業が名古屋で事務所移転を予定していて、大量の什器備品を廃棄することになり、寄附を考えたようですが、どうアプローチしてよいかわからず困っていました。たまたま、PSCと当社のことを知っていた人から小職まで辿り着き、PSCを通じて、何団体かのNPO法人をご紹介いただき、相当程度の什器備品を寄附できました。
　また、毎年営業上の関係で購入しているクリスマスケーキを施設や学校に寄附しようと企画しましたが、こちらも会社内の担当部署に相談したところ、最近はそういう寄附が多く喜んでもらえるところを探すのは難しいとの回答。PSCに相談したところ、紹介いただき40個の寄附を大変喜んでいただきました。
　いずれの取り組みも、PSCがなければ、忙しさの中で実施を断念していた

と思います。

　社会貢献したいと思う人は多いですが、なかなか実行できません。私もその一人で、街頭募金なども胡散臭さとともにお金を入れるだけの行為に後ろめたさや実感のなさを感じてしまいます。その一方で、継続的なボランティア活動などには、敷居の高さや経済的・時間的負担に腰が引けてしまいます。

　その中で、会社、特に（より身近な）職場を通じた社会貢献は、実感しつつ、無理なくできるという意味で会社で働く者にとっては、ありがたい活動です。会社で企画する清掃活動には、希望者だけで毎年多数の社員が参加しますが、同じような理由だと思います。

　もともとPSCとの接点はアイリスという障がい者の方が運営する喫茶店を事務所のビル内で運営することから始まっていますが、この取り組みでも、コンビニで買うより……とテイクアウトのサービス利用を呼びかけたところ、多くの社員が賛同して利用者が大きく増えました。

　多くの人が会社などで忙しく働く中、様々な会社の機能（有用資産の所有、多数の人が属する集合体など）を活かし、社会貢献していることを実感しつつ無理なくできる取り組みは、社会貢献のすそ野を広げる意味で有意義だと思います。

第3章◉「パートナーシップ大賞」の おもてとウラ

「評価されること」への抵抗をのりこえて

「NPO喫茶」から生まれた「評価活動」は、パートナーシップ・サポートセンター（PSC）にとって大きな事業を生み出す原動力となった。PSCのいわば代名詞ともなった「パートナーシップ大賞」である。

先に述べた「評価検討委員会」によって、私案をもとにPSCとしての「パートナーシップ評価」が誕生した（「第1回パートナーシップ大賞」決定までの評価プロセスについては、冊子「NPO&企業　協働のための評価システム」に詳しい）。アメリカへの数回にわたるスタディツアーによって、企業に対する評価活動がNPO側からさまざまに行われていることを知り、評価されることばかりに目を奪われがちだった私たちは、少なからず衝撃を受けることになった。それが「評価活動」に取り組む大きなきっかけともなったのである。

2000年には日本NPO学会で「PSCパートナーシップ評価」を発表し、大きな注目を集めた。「協働評価」に関心が向けられるきっかけになったとも言えよう。と同時に、「企業とNPOとのパートナーシップ促進」という、私たちPSCのミッション実現に向けての大きな一歩を踏み出すことになった。設立4年目にしてようやく、「パートナーシップ大賞」という事業に結実したのである。

1998年の創立時点から私自身は「パートナーシップ大賞」のイメージを抱いていた。しかし、当時はまだ企業もNPOも「評価される」ことへの抵抗感が強く、「なぜ自主的な活動を評価されなくてはいけないのか」と反発されることもしばしばであった。

　企業の社会貢献活動の取り組みをけん引し、経団連にいながらNPOにきわめて近い存在を示していた田代正美氏（PSC設立総会の基調講演者。NPO法制定にも積極的に係わった。第6章で後述）からも、「協働に評価はそぐわない」と、同じような反応が返ってきたのをみて、もう少し時期を待たなければ……と思ったものだった。

　2002年、毎年お正月明け早々に会員企業の保養所などを借りて行っていた、理事・企画運営委員・事務局スタッフによるPSC新春合宿で、ようやく「機が熟した」と、参加者で合意。特に大手企業の理事たちからもGOサインが出たことによって、「パートナーシップ大賞」の実現へ向けて舵を切っていくことになった。

　PSC理事として、その後監事として、さらに「パートナーシップ大賞」の運営委員や調査員として深く係わってくれた面高さんも「パートナーシップ大賞は協働のシンボルとして時代を画するもの」と評価する。

　では「パートナーシップ大賞」事業とは何か。これまで事例集も数多く出版しているのでご存じの方も多いに違いないが、ここでは初めて知ったという方のために簡単に紹介しておこう。

　大きな特徴の1つは、「東京発ではなく、名古屋のNPO発のアワードであること」。これは重要なポイントである。もう1つは、これまでだれもそこに中心視点を置くことのなかった「NPOと企業の協働」という切り口であったこと。これは当時、十分注目に値する事業であった。

　全国から「NPOと企業」を中心とした協働事業を募集、顕彰し、各賞を提供する。NPOには賞金も含まれる。書類審査を通過した事業について、NPO、企業双方にそれぞれ現地調査を行い、自己評価シートにも記入してもらう。同時に調査員は協働に関する評価を、検証された評価指標にもとづいてしっかりと行う。さらに、企業・NPO双方によるプレゼンテーションを通じて、会場審査も考慮に入れつつグランプリを決定する。

　大きなねらいは、何といっても「企業の評価基準」を変えることにあっ

【資料A】
「パートナーシップ大賞」自己評価シート

協働事業名＿＿＿＿＿＿＿＿＿＿＿＿＿＿＿＿＿＿
NPO名＿＿＿＿＿＿＿＿＿＿＿＿＿＿＿＿＿＿
企業名＿＿＿＿＿＿＿＿＿＿＿＿＿＿＿＿＿＿
記入者＿＿＿＿＿＿＿＿＿＿　記入日＿＿＿＿＿＿

（NPO）パートナーシップ・サポートセンター

			1	2	3	4	組織合意レベル			記入者コメント
			×	△	○	◎	担当者	部署	全体	
目標設定	1	事業で目指すものは明確だったか	1	2	3	4				
	2	ミッションに合致しているかどうかを考慮したか	1	2	3	4				
	3	自組織に不足しているものを認識できていたか	1	2	3	4				
	4	パートナーに期待するもの(こと)は明確だったか	1	2	3	4				
	5	パートナーのメリットを認識できていたか	1	2	3	4				
	6	協働事業の受益者を把握していたか	1	2	3	4				
経過	7	事業の進捗を把握できていたか	1	2	3	4				
	8	十分な危機管理を行っていたか	1	2	3	4				
	9	相互に協働のプロセスを愉しめたか	1	2	3	4				
	10	パートナーは十分に役割分担を果たしたか	1	2	3	4				
事業結果	11	当初の目標は達成できたか	1	2	3	4				
	12	それぞれのミッションに合致していたか	1	2	3	4				
	13	相互に不足しているものを補完できたか	1	2	3	4				
	14	それぞれの組織が成長できたか	1	2	3	4				
	15	新たなネットワークをつくることができたか	1	2	3	4				
	16	この事業を今後も続けたいか	1	2	3	4				
インパクト	17	事業は外部にインパクトを与えたと思うか	1	2	3	4				
	18	受益者に満足を与えられたと思うか	1	2	3	4				
	19	社会に新たな「気づき」を与えられたか	1	2	3	4				
	20	新たな発展の可能性を見つけられたか	1	2	3	4				
備考										

た。「大きいことはいいことだ」という昔のCMの文句のような企業評価の発想を、「地域密着型」「社会対応型」「課題共有型」に変えていくことでもあった。言うなれば「利益優先」から「社会とともにある企業」への変身を期待しての「パートナーシップ大賞」事業でもあった。

効率主義、対価主義の企業にとって、それは企業の姿勢そのものに係わる大きな転換を意味してもいた。時代の流れは、1990年代から徐々にその方向へと舵を切り始めていた。

しかし、単なる企業の社会貢献を意図していたわけではない。望むものはあくまでNPOとの「対等」な関係による協働である。資金を潤沢に持つ企業が、社会を変革しようとするNPOを、資金力の乏しい「小さな存在」だとして支配する関係では意味がない。企業とNPOはどこまでも対等であり、「パートナーシップ」の基本はそこにある。これは、女性と男性の間にも、日本と外国の間にも通じる、PSCのミッションそのものが掲げた共有すべき「パートナーシップ」の基本原則である。

「パートナーシップ大賞」が他の賞と比べて誇りうるのは、その評価システムにある。調査員が現地に赴き、企業、NPOと対峙する。「対峙」という表現はやや適切でないかも知れないが、当事者による真摯な協働の取り組みを、敬意を持って取材させていただき、時代や社会の要請、あるべき社会像などを背景にしつつ、現時点での評価を下していくことになる。

しかし、その評価は、評価した人自身が問われることにもなる。調査員はそのことを理解しておかねばなければらない。だからこそ、それを担う調査員は、専門家であると同時に、調査対象者からも信頼される人でなければならない。そうした調査員によって、

　①NPO、企業それぞれに「自己評価表」（前ページ参照）を提示し、その場で記入してもらう

　②NPO、企業双方に、それぞれ協働について取材調査を行う

　③それらを複数の調査員で行い、各自複数の事業を担当する

ことを原則としてきた。

①は、それぞれで自己評価してもらうことで、自分たちの協働をいかに客観的に把握できているかを知ることができ、また、我々が何を評価しようとしているかを理解してもらうことで、「パートナーシップ大賞」の意味をより深く理解してもらうことになる。

　②は、協働しているとはいえ、それぞれ組織が違えば目的も事業も異なるのは当たり前で、別々に取材調査することで、それぞれの本音を知り、それによって協働の背景や到達度を知ることができる。

　③は、何といっても「評価は絶対ではない」ということを、評価する方もされる方も理解しておくということである。複数で行うことによって、見方が大いに異なる場合もある。評価というのは、まさに相対的なものであって、「絶対」はない。さらに、1人の人が複数の協働事業を調査することによって、相対的な評価の積み重ねで、より客観に近づけることができるよう配慮したのである。

　実はこの評価の仕組みこそ、「パートナーシップ大賞」の評価が「優れた評価システム」であることの大いなる発見でもあった。

　さらにもう少し仕組みについて触れるならば、グランプリを獲得した事業は、

　④次回の「パートナーシップ大賞」の審査員（企業・NPOどちらかひとり）になってもらう

　⑤次々回の「パートナーシップ大賞」で、協働事業の「その後」について発表してもらう

という仕組みを付け加えた。

　これらは事業を進めていきながらの発想転換であったため、完璧なものではない。近年は当日のプログラム上実現が不可能だったり、予算上許されない部分もあったりはした。しかし、こうした仕組みはこの間大いに機能してくれた。

　というのは、④の審査員を経験することによって、受賞者は初めて自分たちがどのようなプロセスを経てグランプリに選ばれたのかをつぶさに見ることになるからである。その場を経験したグランプリ受賞者は一

様に、この「パートナーシップ大賞の仕組みのすばらしさ」に驚いてくれる。それだけでなく、いかに真摯に向き合い審査をしているのかを体感し、その中で自分たちがグランプリに選ばれたという意味の大きさをより深く理解してくれるのである。

　また⑤によって、賞をもらって終わりではなく、「その後も注目しているよ」というメッセージをしっかりと理解してもらう。協働事業の継続が期待されていることを知ることで、多くの事業が、より企業とNPOの両者の結びつきが深まるという大きな効果をもたらしてもいるのだ。

第1回の大成功　「飛んでけ！車いす」が私たちに与えたもの

　「車いすの集配・はこび愛ネット」事業を例に見てみよう。

　試行錯誤しながら踏み出したパートナーシップ大賞の記念すべき第１回グランプリ（当時は『大賞』）であり、この事業なしにパートナーシップ大賞の継続はなかったであろう。

　NPO法人「『飛んでけ！車いす』の会」と札幌通運によるこの協働は、日本で不要になった車いすをリサイクルし、ベトナムをはじめアジア各国の障がい者に、海外旅行者らの

第1回パートナーシップ大賞受賞者たち（2002.6）

手を借りて直接届けるという事業。その不要な車いすの集配を、札幌通運の労働組合が、NPOの要請を受け社会貢献の一環として取り組んだことから始まった協働であった。のちに会社ぐるみの支援となり、さらに他のNPOをも巻き込んで、運びあいのネット事業として企業の本業とコラボレーションし、NPOにも活動資金を生み出していく仕組みを創った協働である。

　第２次審査（現地取材にもとづく審査）で147点（160点満点）を獲得し

ていたこの事業は、最終審査でプレゼン点32点（40点満点）が加算され、合計179点（200点満点）を獲得して『大賞』となった。

　最終審査で、今も鮮やかに記憶に残っているのは、NPOと企業（労働組合）の仲のよさであった。

　第1次審査では7位だったこの事業が、現地調査で僅差ながらトップとなったのも、その両者の関係が、見ている側にも伝わるほど「いい関係」だったからに他ならない。

　私も現地に飛んでの取材に何カ所か実際に携わった（後年は残念ながら審査員という立場のため直接の取材に制限がかけられてしまったが）。それぞれに印象深いが、中でもこの事業は第1回ということもあって、取材の仕方、評価の仕方、相手の反応など、1つひとつが鮮明に記憶に残っている。自己評価をしている時の『飛んでけ！車いす』の会の吉田三千代さんや札幌通運労働組合の佐藤和男さんの表情まで思い出すことができる。自己評価表に記していただく過程で、彼らの取り組む姿勢や想いなどを、その表情や言葉から窺い知ることができる貴重な場でもあった。協働のプロセスをこの自己評価シートを通じて垣間見ることができるのだ。

　それぞれの強みと弱みをしっかりと把握したうえで、互いの弱みを補完しあう。そして、車いすを提供した障がい者、それを受け取った海外の障がい者、トラックで運んだ札幌通運の従業員（組合員）、海外に届けた旅行者、係わった人すべてにとって「よかった！」「うれしい！」「いいことに係わった！」という気持ちを抱かせることができたからである。まさにみんながハッピーなのだ。協働の醍醐味がそこにあった。

　第1回最終プレゼン

第1回パートナーシップ大賞を伝える新聞記事
（2002.6.23 『北海道新聞』）

元祖！ NPO と企業の協働

吉田三千代（「飛んでけ！車いす」の会事務局長・理事）

2002年第1回パートナーシップ大賞に「車いすの集配・はこび愛ネット」事業として、札幌通運（以下札通さん）と「飛んでけ！車いす」の会が選ばれたことがPSCとの出会いです。

当時は「札幌駅前の札幌通運の自社ビルに事務所を非常に安く提供する」ほか車いすの引き取り、保管と整備場所の提供、千歳空港までの車いす配送など多くのことを札通さんにおんぶにだっこでした。札通さんの労組書記長の佐藤和男さんと、その意図を汲んで「社会に良いことだからやりなさい」と賛同してくれた、富山憲一元社長の好意に甘えていました。「飛んでけ」からできる恩返しは、メディアの取材があるたびに「札通さん」のトラックをバックにしてもらう事くらいでしたが、パートナーシップ大賞をきっかけに、札通は「ボランティアをする良い会社」として企業イメージが上がりました。

その後、東日本大震災を経て、2011年8月に札通ビルの建て替えと移動により、「飛んでけ」事務所が別の場所に移るまでの12年は本当にお世話になりました。パートナーシップ大賞で使った「飛んでけと札通さんは仲良しです」というキャッチフレーズは、そのまま当時「飛んでけ」にいた学生たちにも影響し、いろいろな大学の学生が集まり、活動する場になっていきました。この時期が最も輝いていた時代といっても過言ではないと思います。そのおかげで、数多くのイベントや勉強会も開催でき、学生の中からも「飛んでけ」での体験から、大きなNGOに就職する者、大学の研究者になる者、福祉関連の仕事をする者、NPO法人で働く者などを送り出すことができました。

私は2010年には会を離れましたが、2015年冬に「このままでは解散しかない」という言葉に動かされ、「出戻り事務局長」になりました。札幌通運は2005年には経営統合して「ロジネットジャパン」となり、社長も3人目となりましたが、今もいくつかの支援は続いています。核になっていた佐藤和男さんが本社から道東の支店へ移動となり、2015年夏に仕事中に急逝されたことは、ある意味での一時代が終わったことを象徴することになりました。2009年に岸田さんを札幌にお招きして、ワークショップをしていただいた後、佐藤さんの案内で富良野に行きました。富良野の温泉に浸かり、紅葉を眺め、「北の国から」ロケ地巡りをしたことは、個人的には大変貴重な思い出となりました。

企業とNPOの協働の元祖として、今はシニアボランティア中心の活動ですが、シニアだからこそできる知恵を活かしたチャレンジを続けます。

テーションで、「『飛んでけ！』と札通さんは仲良しです！」とのキャッチフレーズを宣言した吉田さん。札幌通運労働組合の佐藤書記長、総務の佐々木正造さんはじめ、係わってくれた人たちへの感謝の気持ちを舞台でそう表現したのであった。

この時、私は「パートナーシップ大賞は成功する」と確信した。

第2回　PSC5周年との同時開催。ハーバード大学教授を招聘して

第2回は、翌2003年11月の開催となった。約1年半ぶりである。開催は毎年○月と決めていない、あるいは決められない。よく言えばNPOの柔軟さとも言えるが、資金のあてを持たないこのあいまいさが、後々まで付きまとっていくことになった。

第2回の思い出は、何といってもPSC 5周年の記念すべき年であったこと。パートナーシップ大賞の開催にあわせ、国際交流基金の助成を受け、ハーバード大学からジェームズ・オースティン教授を招き、基調講演（「The Collaboration Challenge」）をしていただいた。オースティン教授にはこの後京都の会議を設定して、そちらにも出席していただいた。この招聘のコーディネートは当時アメリカ在住の娘に任せたが、この頃には通訳も板についていた。

さて、「第2回パートナーシップ大賞」は、第1回にも応募してくれていた新潟県上越市のタブロイド判日刊紙にNPOの記事を掲載する取り組み（「地域メディアを活用したNPO情報発信」事業）が、バージョンアップして応募して

第2回パートナーシップ大賞＆PSC5周年記念
（真ん中がオースチン教授）

きた。NPOと企業の切磋琢磨が彼らを大きく成長させていることが、プレゼンから十分読み取れた。前回の落選に腐ることなく、2回目のチャレンジで花開く。その姿勢と、見事なまでの企業とNPOの対等性がうれしかった。

第3回　NPOの理念と行動力と自信と…

　第2回から1年半後の開催で、第3回は年度を越してしまった。企業の協賛を自力で集めながらの開催は、なかなか容易ではなかった。結局、2004年度は開催に至らなかった。飯田経夫初代代表理事の逝去（2003年8月）という大きな出来事も要因のひとつであった。それも含めて準備に1年半を要したことになる。NPOの甘さといえばその通りだろう。ただ、だれに強制されるわけでもなく、あくまで自主的な活動である。自ら掲げたミッション実現のためである。しかし、応募する側、期待している人からいえば、この不安定さは少々心許ないことであったろう。

　第3回のグランプリは「ビーチクリーン作戦＆子ガメ放流会事業」だったが、私が取材した「ホームレス支援」活動はユニークな協働だった（「ホームレス支援『自立生活サポートセンター』事業」）。北九州まで取材に出かけたが、その時対応してくれた奥田知志さんは、その後全国メディアにも度々登場するようになった。また、確かその時の息子さんが、その後、国会前で安保法などを糾弾する先頭に立っていた青年であることもわかった。その姿が、協働事業に取り組んでいる父親のイメージと重なって見えた。

　あるいはまた、長野県の北アルプスの麓でわずか数十センチの落差を活かしてミニ水車を造り、自然エネルギーを生活に活かしている現場を見

第3回パートナーシップ大賞受賞者たち（2005.11）

せてもらった事業（「くるくるエコプロジェクト」事業）などは、NPOが国に提出する書類を作成し、ビジョン・協働を主導する醍醐味を感じとることができた。専門知識やファシリテーションなどの技能・技術を活かし、街を巻き込む取り組みは、NPOの社会的地位を高める活動として好ましい事業でもある。

「くるくるエコ・プロジェクト」現地調査

　しかし、そうした事業が、なかなか事業として成り立つところまではいかずに、まだまだ低賃金とボランティアに甘んじているのが現実である。何とかならないものかと、協働への期待がさらに大きくなる。

第4回　さわやか福祉財団堀田力氏が名古屋に駆け付ける

　またまた月日は流れ、1年半が経過。このころになると、むしろ1年半という間隔が、定着しそうになっていた。ただ、6月という開催時期が、3月期決算の多いNPOにとって総会と重なり忙しいこともあって、少し落ち着ける11月にしたほうがいいという意見が多くなっていた。そしてようやく1年に1回開催する方向へと意識が向かい始めた。中間NPOとしての基盤が整いつつあったとも言える。

　第4回は堀田力氏（さわやか福祉財団理事長、ロッキード事件の元検事として著名）が最終審査の会場に来られた。名古屋国際センターに駆けつけて、壇上から挨拶をしていただいたのは、さわやか福祉財団としてパートナーシップ大賞に助成してくださったことによる。第3回も助成していただいたのだが、その時は都合がつかずビデオメッセージだったのだが、パートナーシップ大賞の意義を認めてくれていたのだろう、第4回には「是非に！」ということで駆けつけてくださった。

　さらにこの回は、日本財団からMさんが見に来てくれていた。終了後、「助成したい」と申し出てくれた。それが第5回、第6回への助成につながっていった。

第4回パートナーシップ大賞受賞者たち
堀田力氏（中央）とともに（2006.11）

　第４回のグランプリ事業は、「企業ができるこどもたちへの環境学習支援」事業で、西宮市の職員が仕掛け、公務員からNPO（事務局長）へと転身してさらに大きく事業展開していった、全国の環境教育のモデル的事業で、その先駆けにもなった。この事業の特徴は、1NPOが大小含めた30社の企業と、6つのテーマで小中学校に対して出前事業を展開したことである。このとき中心的役割を担った産業廃棄物処理業者は、NPOとの協働で、より行政からの信頼を獲得した経験と喜びを語り、のちに中小企業ながらCSR報告書でも注目される存在となった。

第5回　初の東京開催

　第5回は、日本財団CANPANセンターの助成により、初めて調査員へも原稿料を支給することができた。調査のための旅費などの実費は出していたものの、原稿料まではなかなか出せずにいた。毎回出版している事例集の各協働事業を現地で調査した内容をストーリーとしてまとめたものだが、初めて事業規模にほぼ見合う助成を初めて得ることができ、少しは調査員に報いることができたと安堵した。

　第5回のグランプリは、「点から線へ　線から面へのまちづくり」事業であった。初めて東京虎ノ門にある日本財団会館で開催。名古屋から場所を移しての初開催で、だいぶ勝手が違ったが、グランプリ事業のワクワク感がたまらなかった。この時の事業は、企業名はだれもが知っている大企業だが、応募してきたのは200名の「京阪電鉄大津事業部」と、石坂線21の顔づくりという小さな法人格も持たない団体だった。協働で、

路面電車の廃止の危機を食い止め、新たなまちづくりの仕組みをつくりだしていた。

14.1kmの路線に21駅あるという石坂線。おでん電車が走り、文化祭が催され、軽音楽が……、沿線の大学、高校などを巻き込んで「点から線

第5回パートナーシップ大賞受賞者たち（2007.11）

へ」、さらに全国から21文字のメッセージを集めて本にするという面へと展開した協働である。

その後も、京都、滋賀と近いこともあって、出張時に京阪電鉄の木村浩一さん、NPO代表の福井美知子さんとともに食事をしたり散策したりすることもあり、旧交を温めながら「その後」をヒアリングしている。現在、2015年の10周年で記念事業を行った後、1年じっくり考える機会をもうけ、「青春21文字のメッセージ」として新たなスタートを切った。大津の観光拠点として、行政との協働に取り組むなど、苦労しながらも新しい道を探り続けている。

グランプリの「石坂線」協働事業

新たな 10 年に向けて

福井美知子 （石坂線 21 駅の顔づくりグループ代表）

2015年で10周年を迎え、クラウドファンディングなどで記念事業を行いました。企業との協働が以前ほど密でなくなる中、今後の継続について昨年1年間お休みしてじっくり考え、10年できりをつけるということも考えました。が、電車との関係から少し距離を置き「青春21文字のメッセージ」を柱として再スタートすることにしました。

2017年は大津市との共催事業として、「新しい文芸スタイル「21文字」文化の創出」をテーマに観光・教育・商業面で大津のまちのPRを行いました。京阪石坂線の21駅は大津の観光拠点として捉えることにして、これまで毎年発行していた作品集は、市民ライターが沿線を紹介する記事と併せてWEB情報紙として制作します。

21文字メッセージ、実は1年間募集を休んだにもかかわらず5,000通もの応募がありました。沿線の学校が国語の授業で取り組んでくださり、地元の中高性の作品が2,000ほどになりました。作品の発表の場は、電車のラッピングはなくなりましたが電車車内や駅の他、市内各地に広げ多くの方々の目に触れることとしました。文字つながりで百人一首競技かるたの聖地である近江神宮勧学館、商店街、観光案内所そして新たに団体賞を出してくださった西武大津店、ここでは受賞者の表彰式も行いました。一歩一歩の積み重ねです。

今後、「21文字」を資源として、地元企業と共に地域興しに取り組んでいければと思っています。この取り組みに関心を持っていただいている企業もいくつかあります。京阪電鉄も地域を代表する企業であり、役割は変化していくかも知れませんが重要なメンバーには変わりはありません。

その後の交流

出張等に合わせて、時間が許せば受賞者らとお会いすることがある。

第１回グランプリの「車いすの集配・はこび愛ネット」事業の吉田三千代さんのメッセージにもあるように、お呼びいただいて仕事として接するだけでなく、名古屋、北海道と遠く離れた地でなかなかお互いに訪

間できないこともあって、まさに個人的な旅行などを計画していただいた。札幌通運の佐藤和男さんの車で3人であちこち回り、素敵な時間をともに過ごせたのは、まさにパートナーシップ大賞あってのこと。大切な時間と関係を共有できたのは貴重であった。そのなかで、吉田さんと佐藤さんの深い信頼関係を垣間見れたことは、今も忘れることができない。パートナーシップ大賞のとても大きな役割と意味を感じとることができた。

第2回の「地域メディアを活用したNPO情報発信」事業も、グランプリ受賞後、上越市にお呼びいただき講演させていただいた。その折には、みんなで食事した後、秋山三枝子さん（当時・事務局長）宅に泊めていただくなど歓待を受けたのもなつかしい。

第3回の「ビーチクリーン作戦＆子ガメ放流会」事業では、PSCの別事業で現地を訪問するチャンスをつくり、アカウミガメの産卵する場所や保護の様子を案内していただいた。第4回の「企業ができるこどもたちへの環境学習支援」事業では大栄サービス株式会社（当時）の赤澤健一社長にも、またNPOの小川雅由事務局長にも、それぞれ別の事業で名古屋にお呼びして、事業のいきさつや「その後」の展開などをお聞きした。

東日本大震災後2011年6月に岩手でボランティアをさせていただく機会があったときには、第6回の入賞事業「遠野ツーリズム体感合宿免許プログラム」事業の受賞者ら（NPO法人遠野・山・里・暮らしネットワークの菊池新一さんと高田自動車学校の篠原魁さん）を遠野に訪ね、現地で改めてご一緒にお話を伺うとともに旧交を温めることができたのはうれしかったし、また大阪では第6回「地域社会の防災力の向上に向けた協働」のプラスアーツの永田宏和理事長にお会いして、パートナーシップ大賞の相談をさせていただいたりもした。プラスアーツは今神戸に拠点を移して活動している。

第7回の「モバイル型遠隔情報保障システム普及」事業の小笠原恵美子さん、8回の「子どもたちに給食を届ける、心のそしな」事業の近畿ろうきんの東中健悟さんには、経産省の「ノウハウ移転事業」の際に、広

島でのシンポジウムに来ていただいた（東中さんには日本NPO学会でPSCが行った分科会に企業代表としてご登壇していただいたこともある）。福岡では第７回の「車いす用雨カバー『ヌレント』開発」事業のNPO法人クックルー・ステップ古賀裕子理事長とともにパートナー企業のトヨタハートフルプラザ福岡のお店を訪問したりもした。

　第８回事業のアクセス野田沙良さんには、PSC創立15周年と第10回日本パートナーシップ大賞の記念シンポジムに、第９回「まごコスメプロジェクト」事業の万協製薬松浦信男社長とともにシンポジストとしてご登壇いただいた。

　第９回事業の舞台は三重県多気町で、愛知県に近いこともあって、直接訪問した。応募当時高校生として最終プレゼンした峯川咲希さんが、今や万協製薬の総務として頑張っている姿を直接拝見したり、あるいは彼らが経産省から表彰を受けた折には、名古屋のその会場に私もお祝いに駆けつけるなど交流を深めた。

　第10回の「フィデアのチャリティージャム」事業では、グランプリ受賞直後に、サンクゼールの久世社長に招かれ、ムワンガザ・ファンデーション事務局長の小林一成さんらとともに自社レストランでごちそうになったこともある。

　第９回、第10回のグランプリ事業は、それぞれ開発した商品（コスメ、ジャムなど）を持っていることもあって、愛知県一宮市のイベントで私やパートナーシップ大賞関係者が講師として招かれた時などは、主催者の意向に合わせて、これらの商品の販売をしていただくなど、パートナーシップ大賞やそこから生まれた成果をあの手この手で普及してきた。一宮でイベントを主催してきたNPO法人一宮ボランティアグループリーダーの会日置雅夫理事長のコメントを紹介しておこう。

　こうした地道な活動が、地元企業に活気を与え、地域の活性化に大いに貢献していくのだろう。そこに、「パートナーシップ大賞」が多少なりとも貢献できているとしたらうれしいことである。

地域における協働の新たな姿を求めて

日置雅夫（NPO 法人一宮ボランティアグループリーダーの会理事長）

　名古屋市の北30km。「一地方都市である一宮で、どんな地域の活性ができるのか?」これこそが私にとっての大事なテーマです。一宮市は、大都市名古屋の陰に隠れて元気がありません。そもそも「地域に住んでいる人々と企業が協力して一体何ができるのか?」。その中で、協働フェスタは、ひとつの試みにすぎません。NPO法人パートナーシップ・サポートセンターの岸田眞代氏の助言を得ながら、私なりに試行錯誤を繰り返し、なんとか新しいタイプのイベントを開催しようと試みてきました。

　2017年6月、尾張一宮駅前ビルで「2017市民と企業の協働フェスタin一宮」を開催。NPOや企業、市役所など31団体。地域における社会貢献活動の紹介を行い、福祉・医療・介護を楽しみながら学ぼうをテーマに6回を数えました。

　第1回は、2011年の10月に一宮ロータリークラブが主催。社会奉仕委員会の委員長が岸田氏と関わりを持っており、私たちの会が企画・運営協力。当日は1500名の来場がありました。NPO活動のための寄付金も23万円余集まりました。それ以降は、有志による実行委員会主催となり、第2回は、協働の理解を深めるため、「NPOと企業が協働で地域に貢献」をテーマに、岸田氏に特別講演の講師をしていただきました。第3回は、同じテーマで、パートナーシップ大賞を獲得された万協製薬株式会社の松浦信男社長による特別講演。この時は、三重県立相可高等学校のNPO法人植える美ingの面々も参加しました。第6回の特別講演の講師は万協製薬株式会社の森下健氏。児童養護施設への寄付金集めのために、パートナーシップ大賞の商品であるコスメ、ジャム、ワインなども販売しました。

　地域の元気な方々のために、市民と企業が協働してフェスタを開催。そこかしこに人がいて、ゆったりした会場内で、それぞれが思い思いに、自分の興味のあることに熱中していました。私としてはやっと60点を取ることができました。これも多くの方々の協力の賜物です。心から協力者や参加者に感謝します。来年も協働フェスタを開催するつもりです。

　さて話を戻そう。3回、4回のさわやか財団、5回、6回の日本財団（CANPAN）から得た助成は大変ありがたいものであった。また助成の金

額も財団によってもちろん異なるし、同じ財団の中でも1年目と2年目の助成額もそれぞれ異なっていた。しかしいずれも2回で終了、実際はなかなか継続はむずかしかった。理由はいずれも「財団の都合」というもので、それはやむを得ないことでもあった。パートナーシップ大賞への評価は高かったとしても、財団には独自の事業や方針があり、それに口を挟めるものではない。たとえ、われわれの希望や期待は述べたとしても。

第6回　大阪と東京を結び付けた協働

　第6回は名古屋に戻っての開催となった。リーマンショックの影響により助成を得ること自体が極めて厳しい状況になっていた。そんな中、第6回では、大阪のNPOと東京の企業の協働という新しい協働の広がりもお目見えした（「地域社会の防災力の向上に向けた協働」事業）。この背景には、NPOの並々ならぬ努力があった。300件近くの企業に自分たちの企画を書いたFAXを送ったのである。その中で、唯一反応したのが東京ガスであった。大阪のNPOから東京の企業へ、そこからこの協働は始まった。パートナーシップ大賞発表当日、両者は直前まで綿密な打ち合わせを重ね、みごとなプレゼンを展開したのである。

　この事業がすばらしいのは、NPOの極めて戦略的な展開の仕方である。

防災グッズになったドロップ缶

企業へのFAX戦略もさることながら、NPOらしい発想でドロップ缶や大判ハンカチなどの各種防災グッズを企業に提案し、そこに親しみ安いイラストで誰でもわかるよう示したのである。それらを使って、防災訓練、研修等を実施し、事業として成立させた。

　この回はユニークな事業が目白押しだった。上位のいくつかは、どれがグランプリになってもおかしくなかった。が、現地調査で下馬評の高かった事業が、残念ながら当日その中心人物の欠席でグランプリを逃し

たのも、この回の特徴だった。自動車学校の社長が海外出張により欠席だったり、現地をよく知るNGO代表が欠席だったりと、若干プレゼンの迫力を欠いたことが2位、3位に甘んじる結果となったとも言えよう。

　200点満点中、プレゼンは40点と5分の1の比重ではあったが、そのインパクトは大きい。もちろん審査員は第1次、第2次とプレゼン以外もしっかりと評価したうえで評価はしているが、会場に来た人の当日評価も審査のなかで考慮されたのである。

第7回　協働アイデアコンテストから生まれたグランプリ

　第7回も企業協賛が得られず、奔走したものの助成金の継続も新規獲得もならなかった。やむを得ず開催を1年見送らざるを得ず、2010年の開催となった。

　第7回の特徴は、何と言っても次章で述べる「協働アイデアコンテスト」との関係である。

　2007年2月に始まったNPOから企業に対してプレゼンする協働アイデアによるコンテストは、企業が手を挙げて初めて協働として成立する。アイデアがいくら良くても、協働まで行くとは限らないという厳しさも伴う。

第7回パートナーシップ大賞受賞者たち（2010.11）

　2008年1月開催の「第2回協働アイデアコンテスト」で最優秀賞を獲得した長野県塩尻市の長野サマライズ・センターは、なかなかむずかしいとされる企業との協働にまで見事にこぎつけ、さらにその協働事業で「第7回日本パートナーシップ大賞」への応募にまでこぎつけた。しかも一足飛びにグランプリ獲得という快挙を成し遂げたのである（「モバイル型遠隔情報保障システム普及」事業）。

　私個人としては少々「できすぎ（？）」の感を否めなかった。グランプリは早すぎるとも思ったが、他の審査員はこぞって推挙した。もとも

と「協働アイデアコンテストからパートナーシップ大賞へ」という私の目論見が早々と現実になったのである。拒む理由はなかった。

ソフトバンクから提供を受けたi-Phoneやi-Padを使って、筑波大学を入れた3者の協働によるシステム開発は、聴覚障がい児童らにとっての朗報となった。遠隔操作でことばを文字に変えて手元に届けるというその仕組みが確立すれば、授業を受ける障がいのある児童生徒らにとっても親にとっても負担が大きく軽減される。

しかし、その後企業と大学の方針変更を受け、3者のプロジェクトとしてではなく、NPOと企業、NPOと大学といった当該システムを活用しての個別の関係に変わっているという。

第8回　一営業マンの「無駄を省きたい」…コストをかけずに大きな成果

第8回は、東日本大震災の年の開催となった。パートナーシップ大賞を開催するべきかどうかが大いに議論となった。中には「やるべきではない」と強く主張する人もいて審査員辞退にまで発展、調査員で構成する運営委員会は何度も議論を重ねることになった。しかし、大勢は「こういうときだからこそやるべきではないか」との意見で一致。その代わりと言っては何だが、「東日本大震災」に関する活動項目を追加して、その取り組みや支援を「協働で行おう！」と呼びかけたのである。

それに応えての応募も複数見られ、入賞事業も誕生した（「中古自転車再生を通じた被災地支援」事業）。また、最終審査当日の会場には、震災支援の取り組みを行っている協働事例をパネルで展示し、私たちの姿勢を明らかにした。その後も「東日本大震災」に関する活動項目は追加し続けた。

第8回のグランプリ「子どもたちに給食を届ける、心のそしな」事業がもたらした大きな特徴は、企業とNPOの協働が、必ずしもCSRや社会貢献担当者でなくても一社員から提案でき、実現できるということを見事に証明したことである。いわば当たり前といえば当たり前だが、企業の「無駄」に着目し、お金をかけずとも社会に貢献できるのだ。あるい

はまた、CSRや社会貢献の担当部署がなくてもどこでもだれでもできる、国際社会からも喜ばれる支援ができる。お金がないから、小さな企業だから…とあきらめて

第8回パートナーシップ大賞受賞者たち（2011.11）

いる企業にとっても大いに参考になる事例である。

　近畿ろうきんの営業マンが顧客に渡している粗品に目を付けた。なかにはティッシュなどもらっても喜んではくれない人がいることに気が付いた。それならばそのお金をもっと社会的なことに活かそう、と考えたのである。そして、

グランプリを受賞後、コメントする「アクセス」の野田さん

NPOの中間支援団体を通じて京都の「アクセス」と出合い、フィリピンの子どもたち支援に係わることになった。

　アクセスは、これまで独自でフィリピンの子ども支援を続けてきたが、近畿ろうきんが係わることによって活動の幅が広がり、安定も得られた。フィリピンの子どもたちには、ただお金が渡されるのではなく、保護者が給食を作る仕組みを作ることで、子どもたちの体力や就学率を上げ、さらにコミュニティの輪が生まれた。

　近畿ろうきんは新たな資金を1円も投入することなく、客側も粗品の代わりに国際貢献ができる。心が豊かになれるのである。無駄をなくしてみんながハッピーな協働へ。こういう協働が広がれば、企業にとってもNPOにとってもラッキーではないか。

第9回　高校生とのコラボで自社ブランド誕生

　第9回のグランプリ「まごコスメプロジェクト」事業は、もともと事業を実施している企業や社長自身の中に「協働の意識」というものがあった訳ではなかった。たまたま三重県松阪市の講演会でご一緒したとき、万協製薬社長のお話をお聞きして、「これこそまさに協働」と直感して社長に応募を進めたことがきっかけとなった。

　阪神淡路大震災で、本社も工場も失った万協製薬にとって、三重県多気町への移転はある意味覚悟を決めてのことであり、未知の地での一からの出発となった。そこでの多気町という自治体との関係が、新たな協働を創り出したのである。「高校生レストラン」としてテレビ番組にまでなった相可高校。「他の科の生徒にもスポットライトを」という行政マンの期待に応えての、高校生と万協製薬との協働が誕生したのである。

第9回グランプリ「万協製薬」松浦社長と相可高校の峯川さん。右端は筆者

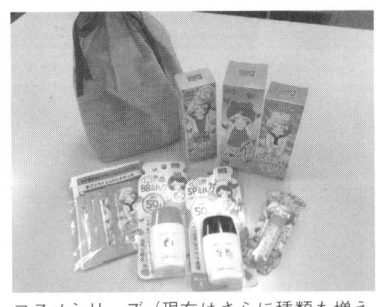

コスメシリーズ（現在はさらに種類も増えている）

　ハンドジェル誕生までの詳細エピソードは事例集（「企業が伸びる　地域が活きる　協働推進の15年」（サンライズ出版、2013.11発行））に譲るとして、高校生と企業の成長は互いにリンクし、相乗効果をもたらしていった。柿、みかん、お茶という地元産品を盛り込んだ「かきみちゃん」というキャラクターを生み出した高校生、アウトソーシング会社が自社ブランドの創出に成功した企業、いずれも当初考えていた以上の形ある成果を手にすることができた。協働なくして生まれなかったであろう、新たな製品であり、成長であった。

　この回は、最終的には三菱地所と「えがおつなげて」（NPO）による「空と土プロジェクト」事業という、強力

な事業との一騎打ちとなった。残念ながらNPOの代表が欠席したことがプレゼンの迫力に影響したのかもしれない。大企業と名の知れたNPOの事業は素晴らしいもので、発表用スライドだけを見れば明らかに高校生作成のそれより勝っていた。しかし、高校生と社長の観客を引き付けるパワーは強く、紙一重の差で中小企業の頑張りに軍配が上がった。

大企業と力のあるNPOの協働はだれが見ても素晴らしいし、戦略も戦術もしっかり練られていて学ぶことは数多い。ただ、それをわかったうえでなお中小企業の頑張りを評価したい気持ちが、多くの人の心の中にあることもまた事実のようだ。審査員がその空気に押されることもあるのだ。

この第9回から「日本パートナーシップ大賞」と名称を変更。全国区であることを改めて明確にしたのであった。

第10回　タンザニア支援のジャムでマッチング

第10回も、ある意味で9回と同じような展開をした。「フィデアのチャリティージャム」事業は、長野県の飯綱高原とタンザニアを舞台に展開。日本人男性と結婚し日本にやってきたタンザニア出身のフィデアさん。日本の豊かさを見るにつけ、ふるさとタンザニアの恵まれない子どもたちに何かをしてあげたいと気をもむ日々。彼女の職場であるレストランは、高原で栽培したブドウやリンゴでワインやジャムも製造販売する「サンクゼール」。

その久世社長が、働き者で人気者の彼女に何とか報いたいと、2009年の30周年を機にフィデアさんオリジナルのジャムを売り出し、その売り上げにマッチングしてタンザニアを支援しようというもので社長自ら現地を訪問。学校、病院、住宅などの施設建設を含む現地支援の青写真を描き、活動を開始。現地の人もレンガを自分たちで積み上げ学校や病院の建設に携わった。

2010年にはフィデアさんの友人、同僚らが中心となって、安定した孤児支援を継続するために組織化しようと、NPO『ムワンガザ・ファン

第10回受賞者らとともに

第10回グランプリを受賞した
フィデアさん

デーション」が設立された。決して派手ではない
が、それぞれの素朴さと思いやりと行動で徐々に
形になっていく。フィデアさん夫妻の本気度と、
協働のプロセスが優しい。

　この回も、最終段階までグランプリの行方は定まらなかった。最後は
審査委員長に委ねられたのである。数あるパートナーシップ大賞の接戦
の中でも、「接戦、ここに極まれり」といったところか。最後まで競った
事業は、「チョコレートで児童労動をなくす協働」事業である。こちらも
海外の事業であり、NGOが深く係わり、現地を大きく変えたストーリー
性の高い事業である。当初振り向きもされなかったNGO「ACE」の粘り
が、大企業森永製菓との協働にこぎつける。赤道直下のカカオ生産地の
児童労働への気づきが生まれ、現地との関係性をより深くしていったの
だ。

　甲乙つけがたい、とはまさにこのこと。会場の評価も真っ二つに分かれ、
審査員も真っ二つ。ギリギリまでどちらになるのか予想がつかなかった。

審査員の思い

　審査は、基本的に大学教授、企業人、NPO人、メディア関係者らの
有識者から構成した審査員で行われる。パートナーシップ大賞の特徴は、
そこに前回グランプリ受賞者のうち、企業、NPOいずれかの代表が加わ
り計６人か７人となる。あえて奇数にこだわっていないのは、基本的に

多数決で決するのではなく、合議制を取っているからである。

　また、これも明文化したわけではないのだが、主催者以外の審査員の任期を3年としている。なぜなら人間が評価をしている以上、どうしてもそこには偏りが出てきてしまうものであり、その人の個性が反映してしまう。良きにつけ悪しきにつけそれは避けられない。したがって公平さをできるだけ確保しておくために、基本的に踏襲してきた措置である。

　とはいえ、だからすべてが公平に「点数だけで」判断されてきたかといえば、必ずしもそうではない。こう言うと誤解を招くかもしれないが、大企業には厳しく、中小には少々の甘さがあったのは事実であろうし、また活動分野のバランス、地域のバランスといった要素も考慮に入れて選考してきたところもある。

　それらは基本的に我々の価値判断を基準にしているわけで、違う誰かが評価を下せば違った結論になったかも知れないのだ。「我々」というのは、時に審査員であり、時に調査員（運営委員）であり、時に主催者としてのPSCであり、私の意見というものも反映されたであろう。しかし、それらを含めて、すべてオープンに議論をし、合意のもとに結論を下してきたということは断言できる。

　ではどのように審査員を選んできたのか。多くは運営委員からの推薦であり、合意のもとに打診、交渉してきた。当初の段階で、企業人代表として、経団連の名が挙がったものの、組織として参加するのは難しいということもあり、その1%クラブの経験者らに直接その企業に出向いて依頼することも多々あった。名古屋から東京へ、何度か通ったのもなつかしい。

　ただ、最終審査当日、審査員が急遽欠席という事態に見舞われ慌てたこともあった。運営上、当日質問の主担当事業や表彰手順など決めていたことを手直ししなければならないのだ。また、審査員が真剣にプレゼンする人の前で居眠りしているのを壇上から目撃されるという、あってはならないことが起こったりもした。前日の寝不足がたたったようだが、それは言い訳できない。審査員の道義的責任が問われるところであ

審査風景

り、当然のことながら次回は外れてもらった。(その審査員のコメントのユニークさが充分に活かしきれなかったことは残念としか言いようがない。)

また、メディアについて言えば、企業は産業面、NPOは社会面という制約があるのか、なかなか「企業とNPOの協働」というテーマへの理解とその意義が、メディアの記者に浸透せず、紙面や映像での露出は思うようにはいかなかった。「名古屋発信の事業」というのもあまりプラスに働かず、地元のメディアは名古屋やその近辺の情報は取り上げても、全国区の事業への関心をあまり強く示してはくれなかった。毎回、担当者は記者クラブに通ったのではあるが。

審査員はパートナーシップ大賞をどう感じていたのだろうか。その声を一部ご紹介しよう。

パートナーシップ大賞の審査員を3回（第8回〜第10回）にわたって務めてくださった黒田かをりさん（一般財団法人CSOネットワーク 事務局長・理事）は、今回寄せていただいたメッセージの中で、「全国各地から、大企業から中小企業まで、また国際的な取り組みから地域に根ざした取り組みまで、多様なパートナーシップ例を集め、各分野のご専門家数十人が調査員となり、申し込み事例を詳しく調査するなど、その丁寧な選考姿勢や方法には、本当に感銘を受けました」と綴ってくれた。

書類上だけの形式的な審査になりがちなこうしたアワードについても、「丁寧に選考することで、受賞されたNPOと企業も『そこを評価してくれた』『そこまで見てくれた』ということで喜びもひとしおなのではないかと思います」と感想を寄せてくれた。

手間暇をかけるということはコストもかかるのだということを、審査員として内側から見て理解し、心配してくださったことがとてもありが

パートナーシップ大賞審査員を経験して

黒田かをり（一般財団法人 CSO ネットワーク 事務局長・理事）

　PSCは、他団体に先駆けて企業とNPOの協働を具体的な事例を示しながら推進して来られたので、以前から注目しておりました。いろいろなところでご一緒する機会はありましたが、具体的なPSCへの関わりは、日本パートナーシップ大賞の審査員を3年務めさせていただいたことでした。

　全国各地から、大企業から中小企業まで、また国際的な取り組みから地域に根ざした取り組みまで、多様なパートナーシップ例を集め、各分野のご専門家数十人が調査員となり、申し込み事例を詳しく調査するなど、その丁寧な選考姿勢や方法には、本当に感銘を受けました。

　NPOと企業の関係については、私自身の関心分野でもありますので、PSCに関わった経験とそこからの学びや教訓を参考にしています。

　特に、日本パートナーシップ大賞の選考方法は、PSCのセクターを超えたネットワークをベースに、多くのご専門家がそれぞれの立場で、丁寧に応募団体や協働事例を調査するという驚くべきものでした。また企業の規模、地域のバランス、活動分野などへの配慮も相当なもので、手間暇かけて丁寧に進めてこられたプロのこだわりを強く感じました。多くの審査はとかく形式的なものになりがちだと思いますが、丁寧に選考することで。受賞されたNPOと企業も「そこを評価してくれた」「そこまで見てくれた」ということで喜びもひとしおなのではないかと思います。一方、手間暇をかけるとコストもかかりますので、事務局の皆さんのご苦労も相当なものだと思います。

　その意味でやはり岸田さんのリーダーシップ、創造性と幅広いネットワークが大きいと思います。NPOセクターには大変稀有なタイプの方だと思っています。

たい。

　審査に関与してくださった方をここで全員あげるわけにはいかないが、みなさん総じてパートナーシップ大賞の意義はもちろん、その審査プロセスや評価方法についても他の多くのアワードとの違いを肌で感じていただいたのではなかろうか。

　ちなみに、これまでの歴代審査員長を紹介しておこう。肩書は当時の

ままである。

第1回、第2回、第3回は跡田直澄氏（慶應義塾大学教授）、第5回、第6回、第7回今田忠氏（日本NPO学会会長）、第8回、第9回、第10回は奥野信弘氏（中京大学理事・教授）、第11回、第12回は目加田説子氏（中央委大学教授）である。ちなみに第4回は委員長を特に決めずに実施した。

重要な調査員の存在

黒田さんが感銘を受けたと語ってくれた背景に、調査員の存在は欠かすことができない。

確かに、パートナーシップ大賞は手間暇のかかる事業である。だからこそ、資金も必要だし、人材も要る。簡単に誰でもいつでもできる事業ではないのだ。審査に係わったゲスト審査員の多くが、調査や評価に実際にかけている時間を知って一様に驚かれるのも事実である。特に、前回のグランプリ受賞者に審査員に入ってもらうことを慣例としているが、彼らは実際に取材調査を受けているだけに、「自分たちの事業もこんな風に真剣に議論され、審査されていたのだ」とびっくりされるのを何度も目にしてきた。パートナーシップ大賞の審査は第１次から第３次まであり、１次と２次の審査の間には現地調査もある。現地調査ではNPOと企業それぞれにヒアリングをしている。そんな手間暇をかけて、自己申告の評価と調査員が客観的に見た評価とのギャップを埋めていく。

このプロセスは、当事者と調査員の専門性をかけたぶつかり合いであり、互いの学びの場でもある。そしてこの手間暇こそがパートナーシップ大賞の醍醐味であり、現場の活きた協働事例を知ることができる道なのである。他ではなかなか得られない最先端の協働事業とその仕組みを、実地に知ることができる。

この調査を担っているのが調査員である。大学の先生たちが研究材料にしたいと言ってくださるのも、ある意味「故あるかな」と思う。研究者にとっても調査員を務めることは大きなチャンスになるのだ。新しい事業を知る、その推進者を知る、評価に携わる、現地調査を文章にまと

め事例集として書籍にする……。すべて調査員として係わるからこそ得られるもので、それらは社会の動きに直結しているばかりでなく、研究の対象にもなり得るのだ。とはいえ研究者だけではこの事業は成り立たない。NPO人もいれば企業人もいる。まさに協働の上に成り立つ事業である。視点も同じではつまらない。それぞれ異なった専門的な目で見て評価されるからこそ、当事者にとっては大きな意味を持つことになる。調査員はパートナーシップ大賞にとっての宝であり、まさにパートナーシップ大賞の骨格をなす神髄とも言える。

　調査員の声を聴いてみよう。2005年度以降から今日まで、パートナーシップ大賞以外の事業でもずっと係わり続けてくれている小室達章さん（金城学院大学教授）は、パートナーシップ大賞が「優れた協働事業であることを評価・表彰することで、その事業に携わっている方々を勇気づけている」ことに着目する。特にグランプリや入賞によって、「自分たちのやっていることが正しかった」ということを確信させていることにパートナーシップ大賞の意義があると言うのである。
　また同じく長く調査員として係わってくれている横山恵子さん（関西大学教授）も、「パートナーシップ大賞は、先進事例の発掘と啓蒙という意味において、唯一無二のプロジェクト」と表現してくれた。「継続調査しているとNPOや企業の協働実践が進化している側面もみられ」、自分たちが直接行う調査そのものが啓蒙の役目も果たしているのではないかと、分析している。

パートナーシップ大賞がくれた確信

小室達章（金城学院大学教授）

　私がPSCと関わるようになったのは、第3回パートナーシップ大賞（以下、パートナーシップ大賞）からです。岸田代表からパートナーシップ大賞の現地調査に同行するようにお誘いを頂きました。協働事業の現地調査では、GEやマイクロソフトのような世界的大企業を訪問し、NPOとの協働についてヒアリングをすることになりました。また、パートナーシップ大賞の事例集の原稿を執筆するなど、研究者としても貴重な経験をさせてもらいました。それ以降、パートナーシップ大賞には、調査員、運営委員などの立場で参加しています。

　パートナーシップ大賞は、数々の協働事業を「優れた協働事業である」と評価・表彰することで、その事業に携わっている方々を勇気づけていると思います。特に、パートナーシップ大賞においてグランプリや入賞するということは、自分たちのやっていることが正しかったという確信をもたらしてくれます。

　また、グランプリや入賞はしなくとも、素敵な協働事業はたくさんあります。そのことを多くの人に知ってもらうことも、とても大切なことだと思います。パートナーシップ大賞を通して、その先進的な協働のあり方を世の中に発信することで、NPOと企業の協働のヒントやアイディアを提供し、多くの社会的課題の解決に寄与しているのです。

　私たちパートナーシップ大賞の調査員は、これまで多くの協働を見てきましたし、調査員同士で情報交換も行ってきました。その意味では、非常に多くの協働を知っています。ヒアリング調査のときに、その協働事業の担当者からお話をうかがうと、その協働事業のどこが素晴らしいのか、どこがスゴイのか、どこが新しいのかが、多くの協働事業の中で位置付けることができます（というか、自然としてしまいます）。その協働事業の素晴らしさ、スゴさ、新しさを、協働事業の担当者の方々に伝えるだけで、その事業の意義を再確認することができると考えています。現在、NPOと企業の協働が当たり前のように行われています。このNPOと企業の協働を広めるというパートナーシップ大賞の役割は非常に大きかったと思います。

NPO と企業の協働アクセラレータ、唯一無二の中間支援組織

横山恵子（関西大学商学部教授）

　研究テーマの１つが、企業とNPOの協働だったこともあり、日本NPO学会で高浦先生にPSCをご紹介いただき、調査員になりました。12回のパートナーシップ大賞事業の中で、9回調査員を担当しているので、10年くらいパートナーシップ大賞に関わらせていただいたことになります。1回の調査員で多い時で4つ、少ない時でも2つの協働事例の調査に赴いたので、協働担当者の方々から熱意溢れる、貴重なお話をたくさん伺うことができました。調査に行くたびに感動してポジティブな気持ちになり、私も何かアクションをとりたいと思い続けて、それが現在の新たな自分のテーマの１つである、アントレプレナーシップ教育・研究に結びついています。パートナーシップ大賞の場からいただいた経験や感慨を消化するにはそれでも物足りなくて、もっともっと精進して社会にアクションしていきたいなという気持ちでいます。

　現地調査だけでなく、調査員審査・審査委員会・最終審査会（プレゼン）の場はとても刺激的で、評価することの奥深さを学びました。評価するからこそ、より一層真摯な意見交換を行い、評価改善を考え続けた場になっていたと思います。心からその復活を願っている一人です。

　パートナーシップ大賞は、先進事例の発掘と啓蒙という意味において、唯一無二のプロジェクトです。NPOや企業の皆さまは、日本唯一の協働評価のパートナーシップ大賞受賞を心から誇りに思ってくださっています。受賞報告や受賞歴が、各組織のホームページに謳われているのを目にしてきました。また協働事例集は、アーカイブという意味でも貴重です。研究資料や教材として使用されるシーンをたびたび見てきています。

　パートナーシップ大賞および事例集の発刊だけでなく、NPOと企業の協働ノウハウを各地へ展開するハンズオンなど多面的に協働推進事業を展開してきたPSCの活動は、確実に日本の協働進化のアクセラレータ（促進）の役目を果たしてきたと言えるでしょう。

10回の区切りを越えて

　こうしてどうにか第10回を終え、１つの役割は果たすことができたと思い、いったんパートナーシップ大賞を終了するつもりだった。多くのアワードが3回、5回で姿を消していく中、資金力のまるでない地方の1NPOが10回までこの事業を続けたこと自体が奇跡に近かった。

　この間、何度、終了あるいは撤退の危機に直面したことだろう。助成金が得られなくなって以降は、赤字覚悟で他の事業で得たわずかな蓄えをつぎ込みながら、何とか切り抜けてきた。「ともかく10回まではやり切ろう」。そう覚悟を決めていた。

　NPOとはいえ、スタッフにまでボランティアを強要するわけにはいかない。もともと安い報酬である。なかばボランティア精神がなくては、そもそもやっていけない仕事でもある。調査員たちの中には、自ら「自分の調査費用は何とか研究費から出せるから」と言ってくださる方もいて、「続けてほしい」「続けるべきだ」の声も根強かった。

　また、一度でも最終審査の会場に参加したことのある人たちからは、この事業のすばらしさ、協働への共感、感動に、その継続を心から望んでくれていることが伝わってきた。それらの声に押され再びチャレンジしたのは、もしかしたら身の程知らずだったかも知れない。しかしあえて踏み切ったのは、自分の中にも「続けていきたい」気持ちが残っていたからだった。

第11回　日本NPOセンターとの協働で

　「第11回日本パートナーシップ大賞」が開かれたのは、2015年2月。日本NPOセンターとの協働が実現し、クラウドファンディングなども駆使して、「パートナーシップ大賞」は新たな領域に踏み出した。

　ところが準備に奔走する中、私は初期のガンを患うというアクシデントに見舞われた。最終審査の2015年2月には復帰していたものの、退院してまだ１カ月半だった。身体に大きな問題はなかったが食事は思うに任せなかった。当日もなかなか昼食が取れず、それを他の審査員らには

悟られまいと隠れてチョコレートを口に入れるなど、10キロ近く痩せた姿を何とか隠しつつ大事なイベントに臨んでいた。

第11回の開催はひとつの大きな賭けでもあった。第10回終了後、改めて続けるべきか否か本気で探ってきた中で、大きく理解を示してくれたのが日本NPOセンターのTさん（当時、事務局長）であった。

NPOが10回もこんなアワードを続けてきたこと自体、「驚くべきこと」と言い、「すばらしい。これからは、それをつないでいくのが我々日本NPOセンターの役目だと思う。全国のNPO支援センターとともに展開していけばいい。ぜひ力になろう」と、そんな趣旨の言葉を何度か私にかけてくれた。彼の言葉に救われたような気持ちだった。

「私たちがやってきたことは間違っていなかった。きちんと評価してくれる人がここにいた」と思うと正直うれしかった。これで一息つけるかも知れない。彼らに任せられるかもしれない。

全国のNPO支援センターの何人かが実際に加わってくれ、調査などにもチャレンジしてくれていた。

ところがそのキーパーソンのTさんが、11回の事業が進む途中で日本NPOセンター事務局長を退任してしまったのである。東京を離れ、遠く離れた田舎暮らしをされるという。第11回の開催はもう引き返せないところまで来ていた。

そうした紆余曲折を経ながらも、初めてのクラウドファンディングにもチャレンジして、何とか「第11回日本パートナーシップ大賞」を成功させることができた。特化した活動テーマを持たず寄付を集めるのが極めて困難と言われる「中間支援組織」が、短期に160万円もの基金を集めるという快挙を成し遂げてクラウドファンディングの専門家をうならせた。日本NPOセンターなくしてその成果は得られなかったであろう。

10回までと異なり、予算カットの意図もあって第1次審査を調査員のみに委ねていた。調査員の多くは、先に述べたように経験豊富で、審査員に劣らず専門知識も身につけたメンバーたちである。何の不都合も生じてはいなかった。しかし、そのことが最終評価に微妙に影響するこ

第11回パートナーシップ大賞受賞者たち

グランプリ受賞者と目加田説子審査委員長（左端）

とになった。調査員と審査員の権限の範囲が少し曖昧になり、評価に対する「審査員」の立ち場が不明確になった面は否めなかった。しかも私自身が病気からの復帰直後で、初めてこのイベントの協働者となった日本NPOセンターに半ば下駄を預けた形になってしまっていた。できればこの第11回終了後は、Ｔ氏が当初示唆してくれたように日本NPOセンターが中心になり地方のNPO支援センターとともに主催する形にもっていってくれれば、私たちPSCの役割もしっかりバトンタッチできる――、私はそう期待していたのだが、結局そうはならなかった。

　グランプリ事業は「1型糖尿病の患者のためのジューＣ」事業であった。東北震災時の福島原発事故に伴う事業（「健康手帳電子化システム開発」事業）や金融の協働（「金融基礎教育マネーコネクション」事業）を押さえて堂々の一位となった。何と言っても勝因は、当事者によるプレゼンの強さで、それが見事に反映された事例と言えた。本業として取り組むにはなかなか困難な中で、しかしⅠ型糖尿病という子どもたちに心から寄り添い、彼らのために採算度外視で形にしていった企業（カバヤ食品）の温かさが際立つ事業でもあった。

第11回は最後まで波乱の回であり、そういう意味では最終評価の在り方を変えていくチャンスでもあった。最終のプレゼンの40点を残し、200点満点中160点がすでに第1次、2次審査で決まっていたこれまでのやり方から、最終プレゼンではこれまでの点数をいったんゼロに戻し、当日のプレゼンで判断しようという方向性が出てきたのであった。

　それも1つの方法であり、審査員にとってすっきりできる採点形式かも知れない。また最終プレゼンの会場に来た人にとっても、確かにその場のプレゼンで決するのは極めて単純明快でわかりやすい。そんな含みを残してこの回を終えたのであった。

　だがTさんの実質退場とともに、第12回へと続けていく道筋もまた失ってしまった。日本NPOセンター自身が、翌2016年に設立20周年を迎えようとしており、そちらに注力しなければならない事情もあった。また彼らの予算規模からいえばごく一部とはいえ、日本パートナーシップ大賞に資金を投入する余裕がなかったことも大きな要因と言えた。

振り出しに戻って

　「継続」は振り出しに戻ってしまった。ここで辞めてもよかった。力尽き「もうできない」と宣言してもよかったのかもしれない。しかし、次への展開を考えに考えた結果、どこか引き継いでくれる組織を改めて探すことにした。

　ある意味でNPOのナショナルセンター的な要素を持つ日本NPOセンターがやれない以上、それを超える組織をNPO内に見つけることは困難だった。

　それでもいくつか当たってみた。優秀な若者がいるセンターにも直接出向いて話をしたこともある。関心は向けたが、「自分たちがやろう」とはならなかった。中間支援とはいえ、企業との協働を中心に展開している団体は全国広しといえども多くはない。ほとんどの組織がNPO向けの支援を主としており、また協働とはいっても「行政とNPOの協働」が

中心で、企業との協働を真正面に掲げて取り組む団体は殆どみつからなかった。かつて、我々のもつ「企業とNPOの協働に関するノウハウ」の移転事業（経産省）に手を挙げてくれたところでさえ、全国展開できるにはほど遠かった。

ましてやパートナーシップ大賞の場合、主には資金難が原因である。中間支援とはいえ、NPOに資金を求めること自体酷というもの。しかたない。企業とNPOとの協働なのだから、NPO側にないのなら企業側に立ってやる組織があってもいいではないか——。しかし、経団連のような企業の連合組織はアワードには直接関心を示さない。パートナーシップ大賞創設当時に当然のこととして当たってみたが、結局当時は見向きもしてくれなかったという苦い思い出もある。

その後、経団連にいた人が、全国初の協働調査などを高く評価してくれたし、第11回の時には日本NPOセンターを通じて審査員にも１％クラブとして参加してくれるようにもなった。大きな変化と言えば変化である。

そんなこともあって、いろいろ思案した結果、これまでPSCと係わりのあった、関心を持ってくれるところとしてはO社しかない。環境やCSRにターゲットを絞っているメディアである。そう考えて、O社のMさんがたまたま名古屋に来られるというのを聞き、会いに行った。

先に述べたように、通常パートナーシップ大賞の審査員は、評価に偏りが出ないよう３回を限度とさせていただいているのだが、Mさんには審査員を４回続けてやっていただいたという因縁もある。PSCのこともよくわかっているはずだし、もちろんパートナーシップ大賞の運営が厳しいこともよくご存じのはずである。O社の展開するメディアは、決して大きいわけではないが、CSRや環境に特化したメディアである。一部の社会に目を向けようとしている企業にとって極めて特異な存在でもあるO社にとっても、パートナーシップ大賞を主催するのは悪くはないはず……。そんな期待もあり、改めてO社に白羽の矢を立てたのである。

サステナブルブランド国際会議へ

　名古屋駅地下の喫茶店で、仕事を終えたO社Mさんと、PSCから私とスタッフの山崎恵美子の3人で会った。そしてO社がパートナーシップ大賞に取り組む意義を、私たちはいろいろ角度を変えながら説明していった。聞いていたMさんは、気の毒そうに「自分の組織でも人がいなくて困っている。現状ではパートナーシップ大賞を担う力はない」とやんわりと断ってきた。

　そこで突如出てきたのが、「サステナブル・ブランド国際会議（SB国際会議）」であった。Mさんはその国際会議の総合プロデューサーを担当しており、持参したパンフレットを私たちに見せた。

　スタッフの山崎は、「おもしろそう！」と興味を示した。「サステナブル・ブランド」の説明に、PSCのミッションそのものである「企業とNPO」というキーワードがあるのを見逃さなかったのだ。私もすぐ気がつき、これなら……と確信した。そこから2人でMさんに猛アタック、Mさんも少々押され気味ではあったが、この国際会議を企画した広告代理店の責任者につないでくれることになった。

　そうそう、忘れてはいけない。その日、Mさんはおしゃれな箱に入った小さなケーキを私に差し出した。「？」といぶかる私に、「フェイスブック……」と短く答えた。事前にその日が私の誕生日であることをフェイスブックで知ってくれていた。2015年12月、年の瀬間近い日であった。

　約1カ月後。2016年はすでに明けていた。1月半ば、当時東京で環境系団体に勤務していたPSC理事の市川さんに声をかけ、H広告代理店のS取締役を2人で訪問した。信頼できる友人ということももちろんあるが、それ以上に、パートナーシップ大賞を任せられるのは東京在住の市川さん以外にはいない、と秘かに意識していたからでもあった。SB国際会議は東京開催が確定していた。

　年末年始を挟んだこともあり、まだ動いていなかったMさんをせかし、私の上京に合わせてS取締役との顔合わせをセッティングしてもらった。

Mさんも含め４人の初顔合わせであった。ただ市川理事とMさんは少なからず仕事上の関係があり、当日も、なぜかMさんが市川理事の仕事を盛んにS取締役に売り込むという、会談の本来の目的とは違う横道にそれかけて少々焦るという一幕もあった。

　限られた時間の中で、S取締役はパートナーシップ大賞に高い関心を示してくれた。そして、結果として私たちの話から自社のメリットを引き出していった。「これはいける！」と市川理事とともに内心確信した。

　「パートナーシップ大賞をSB国際会議のメインコンテンツの１つに加えることについて、S取締役が非常に前向きに捉えておられた様子からは、PSCが頭を下げてお願いする立場ではなく、対等に交渉を進められる立場になるのではないか」「今後の大きな可能性を感じた」と市川理事はその後の私宛メールに記した。SB国際会議の創始者（ユーアン・スカジニアさん）と私の考えがよく似ており、PSCの路線を彼女も歓迎するだろうとS取締役が言及したことにも触れていた。

　市川理事に同行してもらったことで、SB国際会議との協働の可能性がよりいっそう大きな確信となっていった。

第12回　国際会議のスペシャルイベント

　そして、PSC理事会にはかり、GOサインが出て、協働に向けてスタートを切った。

　財団からの支援は何度かあったが、パートナーシップ大賞でのいわゆる企業との協働のかたちは、初の試みでもあった。その意味でも、協働を推進するPSCが実際に企業との協働でパートナーシップ大賞というメイン事業を進めるのは大きな意味があった。

　とはいえ、2017年3月の開催までにはいくつか波がやってきた。何と言っても11回までと大きく異なった点は、国際会議に合わせた「応募費」の設定である。旧くからのメンバーである調査員らの抵抗は根強かったが、その反対する気持ちをしっかりと受けながら、広告代理店とともにやると決めたからには、過去と同じ無料（あるいは11回の5000円）

でというわけにはいかなかった。もともと国際会議が設定した入場料という枠がある。この国際会議の中で実施する以上、何万円というその入場料を無視するわけにはいかなかった。

第12回グランプリ「ムラ流社会貢献型人材育成プログラム事業」

結局、5万円という高い応募費をもらうことになった。ではその代わりに何ができるのか。パートナーシップ大賞とやるべきことは何か。これまでさんざん重ねてきた調査員間の議論を再燃させながら、しかしこれまで独自で採算の取れる事業になっていない以上、PSC側の主張を押し通すことはもはやできなかった。

　もちろん、他へ声をかけるにあたっては、いつまでもPSCが抱え込むことはやめて、どこか別の組織が「開かれた事業」として全面的に引き受けてやってくれることを、私は心から望んでいた。今回のSB国際会議が、今度こそそうした方向につながることを期待した。とはいえ彼らにとってもパートナーシップ大賞は初めての事業である。それゆえ、そう簡単に、「引き受けましょう」とはならなかった。

　結局、SB国際会議の中での実施となったパートナーシップ大賞は、第11回と同様、「パートナーシップ大賞事業の運営そのものはPSCに任せます」とのスタンスをくずすことはなく、パートナーシップ大賞そのものを引き継いでくれる組織を求めたものの、当初の意図から若干外れる結果となった。

　やむを得ず、これまでとほぼ同じ調査員と一部新調査員に協力を依頼し、経費削減のためのいくつかの新たな方法を講じて乗り切ることにした。国際会議実行組織から人件費を含めた費用の約半分を出していただ

けることになり、イベント広報にかかる費用も負担していただける部分を最大限お願いした。賞金や調査等は、PSCが独自に協賛金を集めてカバーすることにした。

　この時のPSCの内部事情で言えば、協賛金を集めるマンパワーがすでに不足していた。というより現実には集める人がいなかった。パートナーシップ大賞担当者は事務で手いっぱいという状況。やむなく、費用がかかった分は、当初見込んでいた人件費を事業費にまわすことによって、何とか事業として成立させた。

　そうやって第12回は、何とかSB国際会議のスペシャルイベントとして行われ、プロローグで紹介した岐阜県東白川村の青空見聞塾と大阪に本社を置くスーパーホテルの協働（「ムラ流社会貢献型人材育成プログラム」事業）がグランプリを獲得して幕を閉じたのである。

第4章◉「アイデアコンテスト」と「まちP」への移行

「協働アイデアコンテスト」はパートナーシップ大賞から生まれた

　メイン事業として取り組んできた「パートナーシップ大賞」の意味・役割が、NPOの世界、あるいはそれを推進する行政のなかである程度理解され受け入れられたことは、その後のさまざまな動きからも見て取れた。講演を頼まれることも珍しくなくなり、私自身が全国へ飛びまわることも増えていった。その背景には、必ず「パートナーシップ大賞」というこれまでになかった新たな事業と、「協働」というテーマが存在していた。

　ただ、それはそれとして、「協働をつくり出すことそのものが抜けている…」、そんな思いを一方で抱き始めていた。

　というのは、パートナーシップ大賞は、あくまで「協働が成立した事業に対する顕彰事業」である。もちろん「NPOと企業の協働」という概念すら意識されていなかった当時には極めて貴重な問題提起と言えたが、「では、どうやって協働を成立させるのか」「どこで協働が生まれるのか」といった未知の世界に挑もうとする人たちにとっては、謎だらけでもあったのだ。

　「いきなり協働ができるはずがない」「NPOと企業が一体どこで知り合うの?」「出会いなんてないよ！」というのが、当時よく聞こえてきた声であった。

　ちょうどそんな時だった。パートナーシップ・サポートセンタ（PSC）のシニアボランティアとして係わり始めてくれていたYさんから、「中部電力から出向になって、そこでNPOといっしょに何かやりたいらしい人

がいる。一度話を聞いてあげてもらえないか」と声がかかったのである。

「シニアボランティア」というのは、2003年頃から名古屋市の高齢者就業支援センターの講座に「NPO」がテーマとして採り入れられ、私はその講師として何度か講座を担当した。その受講者らが、講座の終了後にPSCにシニアボランティアとして係わってくれるようになっていた。確か58歳からというのが講座の参加条件になっており、元大企業の役員という人や、中小企業の経営者、企業に長年勤めてこれからは何か社会の役に立ちたいと考えているような人たちが、いくつかのNPOの中からPSCを選んで来てくれるようになった。常時5〜6人はそうしたボランティアの方がいた。

Yさんは元大学の事務局長で、講座でも大変センスのある言動をされていた。この人ならPSCの活動のお手伝いをお願いすることもできる、と思っていた。その方が橋渡しをしてくれたのである。

PSCの事務所のほど近くに、中部電力の「若竹荘」（クラブハウス）があった。趣のある小さな会館という感じの施設で、小さな会議や会合などに使用されていた。CIAC（財団法人中部産業活性化センター）から専務理事の安井和史さんら３人に私を入れた計４人が顔を合わせ会食することになった。CIACは、中部電力、トヨタ自動車等が中心になってつくったシンクタンク的要素の強い団体で、中経連（中部経済団体連合会）とも関係の深い組織であった。

そこで安井さんから切り出されたのが、「NPOをテーマにした調査をやりたい」ということであった。もちろん、当時安井さんはNPOについてほとんど知識はない。しかし、NPO法ができ、市民活動が公に認められるようになったことから注目していたらしい。中部電力という巨大企業から、CIACという企業を支援するシンクタンクに出向となり、おそらく手探りの状況だったのだろう。

しかし、企業人であった人がNPOに着目してくれたというだけでも、当時としてはうれしいことであった。ただ私の気持ちとしては、中部電力という原子力発電事業を行う企業を無条件で受け入れることには抵抗

がないわけではなかった。中部電力からある委員を要請された時も、福島の原発事故後は特に脱原発を支持するという自分の立場を伝え、「それでもいいか」と確認を取った上で委員就任、継続をさせていただいたこともあった。

　もちろん今回は現役の中部電力の社員と対峙するわけではない。CIACはいわば企業の中間支援組織であり、専務理事の安井さんは、見るからにまじめそうで、企業にとっては「得体の知れない」NPOについて本気で調査に取り組みたいという意欲が伝わってきた。

　そこで私は逆提案をした。「NPOの調査」だけで終わってはしかたがない。もっとNPOに真正面から向き合っていただくために、調査だけではなくいろいろな事業の可能性を提案した。「協働アイデアコンテスト」はその中の目玉であった。

　私は安井さんにアイデアをメモした紙を見せながら説明した。これ自体が企業とNPOの協働をつくり出すための1つのアイデアであった。そして同時にパートナーシップ大賞の穴を埋める企画でもあった。「NPOにとっての大きなチャンスにつながる」という確信を持っていた。なぜなら、「協働したい」という気持ちは、NPOの側により強くあったからだ。企業側よりもNPO側が「企業と協働したい」と思っている割合の方が断然高い。もちろん、お金のないNPOが企業の資金を期待してのことであるのは間違いない。しかし、私としては単にお金を要求するような事業にはしたくない。むしろ「NPOが持つ豊かなアイデアや専門性を武器に、企業へ協働できるアイデアを提供していこうよ」。そんな気持ちであった。

　NPOにそのチャンスを提供したい。協働アイデアコンテストは、その「場」をNPOに提供するのである。企業に対して自分のアイデアを売り込めるのだ。そのアイデアに乗って協働しようと思った企業に手を挙げてもらう。そんな協働の場を創っていこう。そう提案したのであった。

　CIACには企業に働きかけてもらい、PSCがNPOを受け持つ。つまり、お互いに中間支援団体であるCIACとPSCの協働により、それぞれの企

業とNPOの協働が成り立つ協働事業。それが「協働アイデアコンテスト」の提案であった。そしてこれは一度やって終わりというものではない。NPOと企業の関係、CIACとPSCの関係の継続が可能である。パートナーシップ大賞で生じた「どうやって協働すればいいの?」という疑問に応えることにもなる。

話は続いた。どうやって、そのアイデアの良し悪しを決めるのか。審査員は置くにしても、パートナーシップ大賞とは違うやり方にしよう。意見交換しながら、私はワクワクしていた。そして、次々にアイデアが湧いてきた。それをかたちにするのは次回までの宿題にしようと決め、その日は終わりにした。

何回か意見交換を積み重ね、結局、CIACとPSCの間で、企業の関心事

協働を生み出す協働

安井和史（元 CIAC 専務理事）

PSCに関わるようになったのはCIACの調査事業でNPOをテーマにした際、PSCに協力依頼したことがきっかけです。現在は個人会員です。

付言しますと、当時、日本福祉大が主催していた定例勉強会にCIACが参加していたことでYさんと知り合い、そのYさんがPSCの調査員として、私に中部電力のCSR担当との橋渡しを求めて来られたことが、NPOに興味を持つきっかけとなりました。今思うと運命的な出会いでした。

私にとって、PSCがもたらした最も重要なことは、「協働アイデアコンテスト」に尽きます。企業にとっては、ある意味で得体の知れないNPOを身近に感じられる場を、そしてNPOには、敷居が高い存在かもしれない企業に、協働というテーマで接する機会を提供できたことがその理由です。

岸田さんの「協働アイデアコンテスト構想」を具体化させることは、NPOに対する知識が乏しい中では勇気も必要でしたが、「協働の実証的研究」という形で第1回コンテストを実現させました。以後10年も続いたのは、岸田さんの熱意と、CIAC後任の小林さんの尽力の賜物です。

また、このコンテストからパートナーシップ大賞受賞団体が出たことや、貴重な人の縁ができたことは、この上ない喜びです。

でもあるCSRをテーマに、CSRセミナー、CSRシンポジウム、そして協働アイデアコンテストの3本柱で、2006年度の事業を協働で開催することになった。

こうして『企業&NPO 協働アイデアコンテスト』が誕生した。まさに安井さんの言う『協働を生み出す協働』の出発であった。

2007年2月に第1回開催～協働を協働で生み出す

2007年2月、第1回『協働アイデアコンテスト』が開催された。

その少し前、2006年9月には「CSRセミナー」として「企業とNPOの感動的な出会い」と銘打ち、岸田による「企業とNPOのパートナーシップ」に関するガイダンスの後、第1回パートナーシップ大賞の「飛んでけ！車いす」の会の吉田三千代事務局長と第2回パートナーシップ大賞の「上越タイムス社」の大島誠代表取締役のお２人をゲストに事例発表をしていただいた。いずれもPSCの企画・人脈を全面的に採用していただいた形となった。企業人たちもまだ物珍しさもあったのだろう、熱心に耳を傾けてくれた。同年11月にはCIACが中心となって「CSRシンポジウム」を開催。PSCは記録等で協力した。

「第1回 企業&NPO協働アイデアコンテスト」は、年が明けての2017年2月の開催となった。

CIACの総務部長で、この新規事業を担当した榊原元さんは、東海銀行出身で、自分でエレキギターを弾く音楽好きな人。一方、PSCの初回担当は山崎とSで、SはPSCの講座生から当時スタッフになっていた。演劇の演出の経験を持つメンバーで、この両組織の担当者らによって初めてのイベントにふさわしく、緊張しながらも明るい楽しい雰囲気づくりに成功した。

CIACとPSCという、いわば企業とNPOそれぞれの中間支援団体同士の本格的な協働は、おそらく全国でもはじめての試みと言ってよかった。できることなら協働を生み出すこの形式を、全国にもっともっと広めたいと、のちのち思ったほどで、企業とNPOの協働には欠かせない構図が

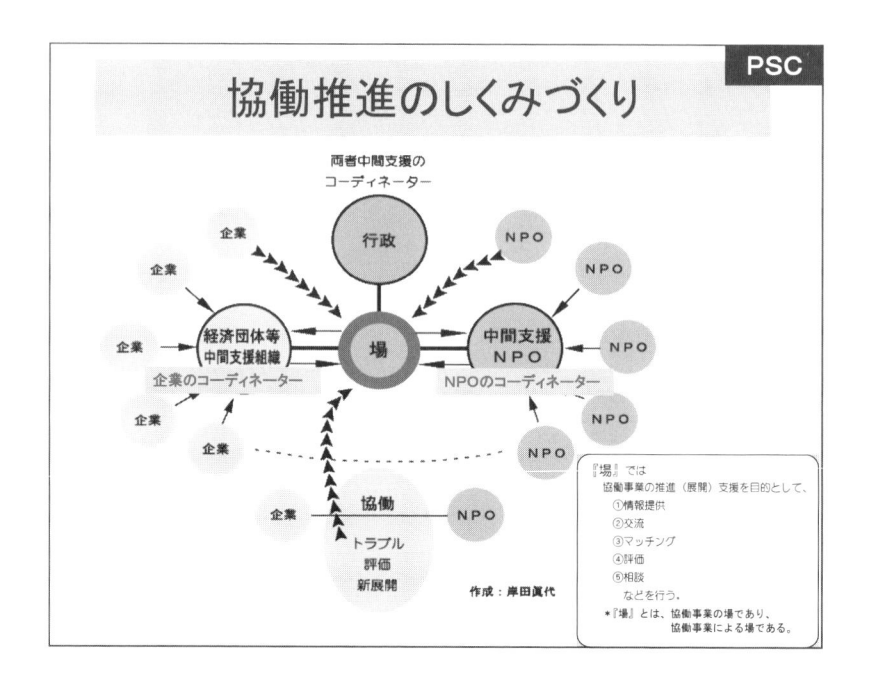

描けたのだった。

　私はこれをベースに、協働のしくみづくりの図（上図）を描き、2008年愛知県に対する報告書をはじめ、全国での講演等を利用して提言してきた。その後、CIACはCIRAC（公益財団法人中部圏社会経済活性化センター）と名前を変え、さらに現在は中部社研（公益財団法人中部圏社会経済研究所）となっている。

　さて、第1回「企業＆NPO　協働アイデアコンテスト」は、手探りの中、まずは協働アイデアをNPOから募集することから始まった。

　CIACの関係エリアが対象で、当時は中部7県だった。2ヵ月の募集期間を経て、13の応募が寄せられ、5団体が予選を通過。2月27日に最終プレゼンが行われ、会場参加者の評価も加味して、各賞が決定した。5つの団体に、CIACから助成金が授与された。審査員は、主催者としての安井、岸田の他は、CIAC関係の中部電力、東邦ガスに、愛知県のNPO担

当部署の主幹を加えた5名が
当たった。

　また、結果発表は場を移し
て交流会の中で行われた。あ
えて少しアルコールも入った
中での結果発表は、場の雰囲
気を和らげた。審査員は別室
に移動しての審査で、それぞ
れがつけた得点の集計と、会

第1回協働アイデアコンテスト

場審査の集計を合わせ、委員同士で議論した。議論の結果が出ればその
場で賞状に名前を書き込んでいかなければならない。それはパートナー
シップ大賞でもそうだったが、私の役割と決まっていた。書道の経験が
少しは役に立った。

　交流会で談笑している場に、審査員がその結果を持ちこむ。しばらくの
時間ののち、安井さんから最優秀賞の賞状と目録を手にした団体は、そ
の場で大いに盛り上がり、会場からも身近な祝福を受け、講評を担当し
た私は、アルコールで軽く頬を紅潮させながら、かなり本音の審査内容
を語った。

　この時の最優秀賞は「知的障がい者と一般社員がともに働き、ともに学
ぶ場」をめざして「わっくキャンパスの協働運営事業」を提案したNPO
法人わーくわっくパートナーズであった。のちに、「社会福祉法人ゆめ
ネット」として三井住友海上のNPO喫茶の運営団体として深くかかわる
ことになった鷹巣孝久理事長らがこの時の受賞者であった（第2章参照）。

　2位の優秀賞は名古屋大学大学院の環境学研究科竹内研究室の「コ
ミュニティサイクル『名チャリ』」で、シェア自転車の提案であった。こ
こで提案されたアイデアが、のちに名古屋市内で展開されていくという
実験的な場ともなっていった。提案団体は必ずしも本人たちが「NPO」
と認識していなくても受け入れたのであった。

　ただ、パートナーシップ大賞と異なり、この時点ではまだ協働は成立

していない。アイデアが提示されただけである。その後、企業との協働が成立すれば、さらに追加助成金が追加されるというのも、この協働アイデアコンテストの新たなしくみであった。

「協働アイデアコンテスト」から「パートナーシップ大賞」への流れ

　第1回をともに創り上げた安井さんは、次の年には別の中部電力関連会社に移っていった。

　安井さんの後任としてCIACに来られた小林宏之さんは、審査員として第１回アイデアコンテストにも係わっており、その後第２回から第９回まで係わることになった。CIACからCIRACへ。そしてさらに中部社研へ。組織の激動の中で、PSCとの関係も続けていただいた。

第2回協働アイデアコンテスト

　2008年2月に行われた第２回の最優秀賞に輝いたのは、NPO法人長野サマライズ・センターであった。企業のコールセンター機能を活用して、聴覚障がい者のための情報仲介システムを創ろうと提案したものであった。最優秀賞を獲得した後、彼女たちは地元長野県塩尻市のメディアに大々的に取り上げられたこともあり、協働を実現しようと活発に活動を展開した。そして、企業や大学との協働を実現し、早くも2010年の「第7回日本パートナーシップ大賞」に応募するという、極めて能動的積極的な動きを見せたのであった。さらに驚くことに、パートナーシップ大賞でもグランプリを獲得するという快挙を、一気に成し遂げてしまった。（第３章参照）

　グランプリ事業がその後どうなっているかは、パートナーシップ大賞の最終審査＆表彰式のイベントの中のミニ講演で、受賞者に語ってもらうことを常としていた。

第7回の受賞者は、第8回時に審査員を経験することになっているのだが、この時の審査員は企業側であるソフトバンクモバイルの方が務められた。そのため、NPO側の小笠原恵美子さんは第9回のパートナーシップ大賞時に、ミニ講演でお話いただいた。ただ、私自身は審査員ということもあって、その時間は第9回のグランプリの審査中で、彼女の話を直接は聞けなかった。後日、事例集制作時にそのミニ講演の記録に目を通した。

　第7回グランプリ受賞後は、全国から聴覚障がい者の喜びの声をいただいていること、東日本大震災の後はこのシステムを応用しネットニュースを配信し、一時はサーバーがパンクしてしまうほど反響があったこと、プロジェクトは受賞の3者（ソフトバンクモバイル・筑波技術大学・長野サマライズ・センター）を超えて発展していることを語っていた。

　「塩尻という地方のNPOにまで、さまざまな企業からお声がかかるようになって驚いている」と、「パートナーシップ大賞効果」を伝えてくれていた。少しの懸念材料として、当初の担当者、共有ポイントが変わってきて、「現在着地点をどこに持ってくるか協議中」「どうしたら継続できるのかが今後の課題」との現状を率直に語っていたのであった。

　受賞者にはPSCが主催するさまざまな事業にお呼びして、話をしてもらうこともよくあった。私はこの『協働アイデアコンテスト』のしくみを全国にノウハウ移転しようと経産省の事業に応募して採用され、全国5カ所のNPO支援センターに対して事業展開していた。私が小笠原さんの苦悩を直接聞いたのは、広島のイベントにお呼びした時のことであった。

　ゲストとしてお呼びした小笠原さんは、その時、一緒に講師としてお呼びしていた「第9回日本パートナーシップ大賞」の東中健悟さんと2人で、広島のみなさんにそれぞれの事例を発表した。そのなかで、継続が厳しくなった現実とその苦しい胸の内を明らかにしてくれたのだった。

　協働アイデアコンテストからパートナーシップ大賞へ、という流れづ

くりの成功と同時に、グランプリにも"タイミング"という大きな要素がある、と気づかせてくれた出来事だった。

　ただ、この事業がきっかけとなって「協働アイデアコンテスト」では長野県（塩尻市）から続けて２団体が最優秀賞を獲得するという快挙を成し遂げた。これも長野サマライズ・センターの先駆者としての大きな役割だったことは間違いない。

　第３回は第２回と同じ2008年の12月に開催された。最優秀賞が、ふくりび（NPO法人全国福祉理美容師養成協会）であった。寝たきりの方や車いすの方の洗髪に苦労している訪問理美容師たち。もちろん在宅で家族が面倒をみている場合もあるだろうが、そういう介護者のためにもっと簡便でもっと安価なシャンプー台の開発を目指すというアイデアの実現を目指したものであった。

第3回協働アイデアコンテスト

　フードバンクやペットボトルキャップの再資源化などのアイデアを押さえて最優秀賞を獲得したふくりびは、交流会の中の表彰式であいさつに立った赤木理事長が涙を流して喜び、それを見た参加者はまたそれに感動して涙を流すという、会場全体が温かい雰囲気に包まれた。これがふくりびとの直接の出合いであった。

　第４回（2009年12月）は、「なごや飯で赤ちゃん食育」という事業アイデアで、県外出身者や外国人など愛知県になじみの少ない2歳時までの親子向けに、託児付きの離乳食教室を開催。地産地消と郷土食メニューを伝承するというもの。最優秀賞を獲得したのはママスタート・クラブ（矢上清乃理事長）で、のちに第7回ではママのホンネ研究所の構成団体の１つとして特別賞を獲得。その後、私がコンサルとしてCSR推進に深く

係わったS社との協働(第5章参照)にも参加してもらった。企業との協働に積極的に係わるとともに、子育て中のママたちの組織化をもとに、企業との協働で大きな仕事をその後次々に獲得していっている。

第5回（2010年12月）では滋賀県の「NPO法人近江八幡中間支援センター」による「外来魚を活用した『沖島よそものコロッケ』の開発、販売」事業が最優秀賞に。琵琶湖の『沖島』で増えすぎて廃棄されている外来魚ブラックバスを利用して冷凍コロッケを作り、地元の観光地食べ歩きのスナックとして販売するという、『難』を逆手に取った発想で新たな商品を提案した。

第6回（2011年12月）は「持続可能な松本平創造カンパニーわおん」が、NPOのCMを制作してインターネットやケーブルテレビなどで配信する事業で最優秀賞を獲得。この年は、PSCが経済産業省に企画提案した「経済団体（等）を巻き込む『SB&企業の連携』推進事業」が採択され、この協働アイデアコンテストなど、中間支援による協働支援の成果、ノウハウを全国の中間支援NPOに移転していこうという事業を展開していた。その事業にノウハウの移転先として参加してくれていた、栃木、神奈川、三重、京都、広島の全国5カ所の中間支援団体のメンバーも、この最終プレゼンテーション&表彰式に参加してくれた。のちに、全国各地で協働アイデアコンテストによく似た事業が展開されていったのはこうした活動が起点となっているものも結構多い。

経産省事業の成果

ついでにこの経産省の事業について少し触れておくと、ソーシャルビジネス/コミュニティビジネス（SB/CB）の推進を目的としており、サステナビリティ・ブランド（SB）と同じ表記で、若干混乱してしまうが、2011年当時はこのSB/CBがクローズアップされており、事業として展開できる可能性を見出し、そのノウハウ移転を試みたのである。全国5カ所での数回にわたるハンズオン支援や成果・交流事業の他、集合研修として、この協働アイデアコンテストやパートナーシップ大賞事業も直接

見てもらったりした。

　そして、この時の事業で、中間支援のスキームとして、中部社研（当時はCIRAC＝財団法人中部産業・地域活性化センター）とPSCの協働を、経済団体（等）と中間支援NPOの協働という一般化した表現で、全国の協働をより推進しようと企んだのであった。

　この事業によって、「NPO×企業　協働推進Q&A」と、「NPO&企業　協働コーディネーター人材育成プログラム」の2つのテキストを作成することができた。これは自画自賛ではあるがなかなかの力作といってよく、当時経産省のこの事業の審査委員長をしていた一橋大学の教授から、「素晴らしい出来だ！」とお褒めをいただいたことが忘れられない。

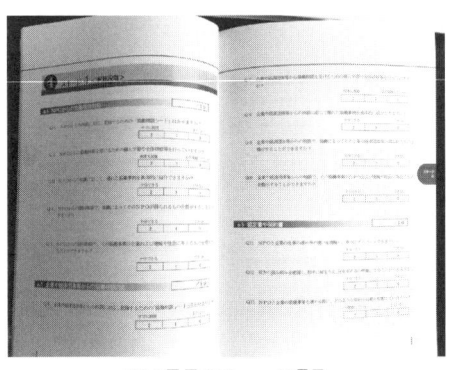

Q&A冊子のチェック項目

　ただ現実には、このテキストを使ってNPOと企業の協働コーディネーターを養成しようというところはまだまだ少なく、正式に取り上げてくださったのは２つの県の自主的な研修等に留まっている。私たちのアピール不足なのか、現実はまだそこまで到達できていないのか――。きっとその両方なのだろう。

　第7回（2012年10月）は「NPO法人ジョイフル」が、松本平の広域公園内にレストランを新設。ニートなど就労に不安の強い若者を一定期間トレーニングし、『おもちゃ箱のレストラン』（仮称）を運営していこうというアイデアが最優秀賞を獲得した。

　第8回（2013年10月）は滋賀県大津市の「NPO法人マイペースプロジェクト」が、障がい者のためのロックフェスティバル『パラリンロック』を

2020年のパラリンピックで成功させようというアイデアで盛り上がった。

第9回（2014年12月）は、私自身はちょうどガンの手術・入院に重なってしまい、初めてこの事業に不参加となり、審査を面高さんに託した。最優秀賞は、静岡県富士宮市の「母力向上委員会」による「"ママたちの声"から生み出す！コンビニ発の子育て支援事業」で、この事業は早々と企業との協働に持ち込み、第10回の時には交流会の中で参加者を前にその成果を披露する程であった。

第10回（2015年11月）は、協働アイデアコンテストの最終回となった。

実は、2015年7月に、小林さんに代わって着任した中部社研の藤井良直代表理事（PSC理事）は、中部社研の事業全面見直しを命題としていた。公益財団法人として、シンクタンクとして、厳しいかじ取りを命じられたのであろう。当然『協働アイデアコンテスト』もその対象となっており、「"まちづくり"をテーマに新たな事業にしていきたい」というのが、藤井さんを中心に中部社研が出してきた方針であった。

つまり、第10回が始まる前から、10回でいったん終了とすることが、私たちにも告げられたのである。

「中部まちづくりパートナーシップ大賞」

さて、その第10回は、静岡市の「NPO法人ホスピタル・プレイ協会 すべての子どもの遊びと支援を考える会」というちょっと長い名前のNPOによる、「子どもと医療をやさしさでつなぐためのツールの開発」が最優秀賞を獲得した。心も身体も大人へと移り変わる9歳ごろからの子どもにとって、注射針も短いものから長いものへと移行する時期でもあるという。その不安感、恐怖心を和らげるために遊びを取り入れて、身体の変化、針の変化を理解できるツールを開発しようというのだ。専門家でなければなかなか気がつかない視点と、人ほどもある大きな人形によるプレゼンが参加者や審査員を惹きつけた。

名古屋商工会議所を会場にするのも最後。交流会を行うのも最後。「協

働アイデアコンテスト」としての名残り惜しさをかみしめながら、同時にこの事業が小さなNPOにも企業との協働の可能性を示し得たことは、係わってきたみんなが共有していることでもあった。

　PSCでこの事業を担当してきたスタッフの山崎は、ほとんどの回の募集から当日運営まで、NPOとの折衝、相談、指導も含め、報告書作成まで中心となって全面的に係わってきていた。半ばやりきった、という気持ちもあったのだろう。中部社研の意向を受けて、早々とあきらめムードになっていた。

　ただ、確かに形は委託事業となってはいるものの、もともと事業そのものを一緒につくり出してきた協働相手である。簡単に「そうですか」と引き下がるわけにはいかない。「協働って、勝手に一方の意志だけで決めていいの?」と、本質論が頭をかすめた。両者は、もともと協働を協働で作りだしてきた『パートナー』である。

　中部社研が次の手を打つ前に、こちらの意向をキチンと伝えておかなければならない。そのためには、「まちづくり」をテーマにしたいというのであれば、それをしっかりと受け止めて提案していこう。協働アイデアコンテストが私たちにとって、あるいはNPOにとって「いい事業」であったとはいえ、完璧な事業だったわけでは決してない。どこをどう変えたいのか。そこを見極めて提案しよう。

　何より、中部社研にとっての、この事業の意味は何なのか。PSCとともにやることの意味は何なのか。他のNPOとは違う何を提供できるのか。自分が納得できる方針が出るまではキチンと交渉していこう。そう覚悟した。

　早速、パワーポイントを開いて新たな企画を練った。協働アイデアコンテストがめざして得たものは何なのか。足りなかったものは何なのか。

　そして、「協働アイデアコンテストの経験を発展させ、新たな協働事業を!!」という提案書を書きあげた。それを持って山崎を伴い中部社研を訪問。藤井代表理事、総務部長らに提示した。

　最初に、「中部社研とPSCの協働で実現してきた「企業&NPO　協働

アイデアコンテスト」は私たちにとっても大切な事業です！」と協働アイデアコンテストへの私たちの思いを明らかにした。さらに協働アイデアコンテストに対する外部の方たちの評価を示した。

新旧P賞の比較

第1回～第11回　P賞	中部P賞（案）
PSCによる運営	PSCと地域センター中心に運営
募集はチラシ等の広報を中心に展開	募集はチラシ等の他、地域センターによる掘り起こしを展開
全国対象に事業や事例について講演やセミナーでサポート	中部9県の地域センターを中心に実施（PSCがサポート）
現地調査は調査員が実施	現地調査は地域センター等が実施
名古屋or東京の最終審査会でプレゼンと表彰式を実施	名古屋（or地域？）で表彰式を開催
事例集は調査員が執筆し、書籍を発行	事例集は地域センター・大学教官が執筆し、webで公開

新P賞では、募集から表彰・事例集まで各地域での活動を中心に展開することで、地域のまちづくり・協働を広めていきたいと考えています。

　「先日はリソースマッチングの発祥ともいうべき事業（注：協働アイデアコンテストのこと）を、商工会議所で見させていただきました。いい事業ですね。活動団体のニーズを発信し、互いにwin winで活動の輪を広げるという、いい事業でした。私たちもこうやって団体さんの役に立っているという事業ができるといいなと感じています」と名古屋市の職員で環境問題に携わるOさんからのメールを紹介し、協働アイデアコンテストに対する高い評価や、継続を期待している人も多いことを、まずは知っていただこうと考えた。

　それでも、仮に継続が不可能であるとするなら、ぜひ協働を次のステップへ、「ともに発展させていきませんか」と彼らの意図を汲んだ表現を取り入れて、呼びかけた。「社会問題解決のスピードアップと地域活性化、企業の活力向上をめざすまちづくり推進へ!!」。

　そのうえで、「パートナーシップ大賞」がめざしてきたものは、中部社研の意図する「まちづくり」そのものであり、「協働」はそのまちづくりに不可欠であることを訴え、「中部まちづくりパートナーシップ大賞」（まちP）への移行が、協働アイデアコンテストの次なるステージにも合致することを訴えた。

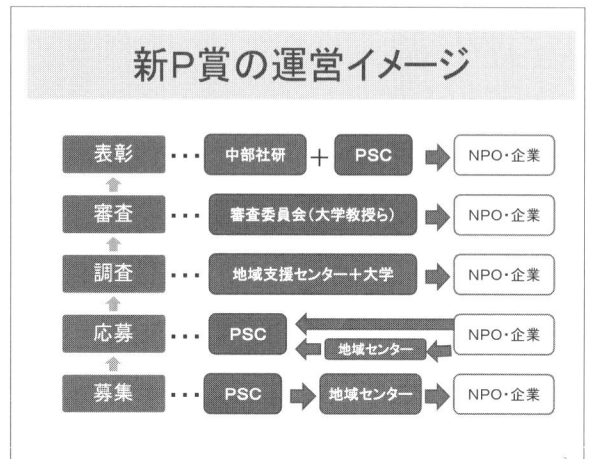

パートナーシップ大賞と新たに提案する「中部まちづくりパートナーシップ大賞」の比較、運営イメージを図式化し、そこに、中部9県の地域センターを巻き込んでいこうとの案を提示したのである。募集〜応募〜調査〜審査〜表彰という流れのそれぞれで、だれがどんな役割を担うのかも想定し、スケジュールも書き込んだ。

私たちの話にじっくりと耳を傾けてくれた藤井さんらは、内部検討の結果、我々の提案を受け入れてくれたのである。2015年12月のことであった。

それは、パートナーシップ大賞の「次」が見えない中での、一条の光であった。たとえ、全国レベルの「パートナーシップ大賞」に赤信号が灯ろうと、ともかくもこの中部9県の「まちP」だけは死守していこう。そんな思いを込めた事業の提案であった。その想いは、提案書の『新旧』『新パートナーシップ大賞』という表現の中に、改めて読みとることができる。

私たちの想いと可能性を信じてくれた中部社研の懐の深さに感謝した。「新事業は他団体に出すかもしれない」と、山崎に告げられていた事業継続の黄信号は、このときようやく安堵の青に変わったのであった。

そして、2016年から「中部まちづくりパートナーシップ大賞」（まちP）を開始。第1回のグランプリは静岡県富士宮市の特定非営利活動法人母力向上委員会と富士宮市による「ふじのみやベビーステーション事業」

であった。子育てに役立つサービスを提供する店舗や施設を「ふじのみやベビーステーション（愛称ベビ・ステ）」に認定登録して、地域全体で子育て世代が暮らしやすいまちをつくろうというもので、官民協働の事業である。母力向上委員会は、第9回協働アイデアコンテストで最優秀となり、その後市との協働が成立した形となった。

　このとき入賞したのが、冒頭で紹介した「第12回日本パートナーシップ大賞」のグランプリに選ばれた「ムラ流社会貢献型人材育成プログラム事業」であったことは、中部の「まちづくりパートナーシップ大賞」と全国の「パートナーシップ大賞」の関係を見ていく上ではさまざまな示唆を含んでいる。ある意味、面白い展開の可能性も大である。

　2017年11月には第2回を実施。三重県の特定非営利活動法人どんぐりの会と株式会社LIXIL中部支社三重支店、井村屋グループ株式会社他94

社との協働による「協働が生み出す「女性活躍社会の実現」事業」がグランプリに選ばれた。小学生の放課後、土日祝夜間保育も行う「広域対応型学童保育どんぐりの家」事業に多くの企業が「飛び出し注意」の喚起標識設置や維持管理に協力。またそれぞれの本業を活かした取り組みも進めている。

第5章 PSCらしい協働コンサルテーションの開発

　「パートナーシップ大賞」と「協働アイデアコンテスト＆まちP」は、私たちパートナーシップ・サポートセンター（PSC）自身が開発してきた事業であり、私たちのミッション実現への大きな足跡を刻むメイン事業でもあった。

　とはいえ、PSCはそのメイン事業だけを実施してきた訳ではない。むしろそれ以外の事業によって支えられてきた面も大いにあった。もう少し厳密に言えば、メイン事業で得た知見を大いに活用して、その他の事業をさまざまに展開してきた、という言い方が正しいかも知れない。

　その1つがコンサルティングである。ここでは、NPO向け、企業向け（一部行政向けもあり）に、PSCが独自で開発してきたコンサルティングや手法、考え方について触れておこう。

　特に企業向けは、中小企業に対するCSR推進とNPOとの協働で大いに成果を挙げた事例でもある。ただ、コンサルという言葉に抵抗のある方も多いので、「コラボレーション事業」として位置づけた事業もあれば、当初は自分たち自身、余りコンサルという意識を持つことなく、相手の困ったことを何とか一緒に解決していこうという気持ちだけで係わっていた事業もある。またあるときには、相手が考えていた以上に、角度を変えた新しい試みや、ちょっとオーバーに言えば、立ちふさがる相手に迫っていったり、ということもあったかもしれない。功を奏した時もそうでないときもあった。それらを含めて振り返っておこう。

「なごや東山の森づくりの会」が加わったことで…

　コンサルティングの始まりと言えるのは、PSCを立ち上げた直後といっていい時期だった。行政からのある要請から始まった。もちろん当時は、コンサルという意識などもちあわせてはいなかったが。

「なごや東山の森づくりの会」の活動

　名古屋に住む人なら誰でも知っている東山公園・平和公園地区。東山動物園がつとに有名だが、それを取り囲むように名古屋市の東に位置する広大な緑の森400haを有し、そこにかつてオリンピックを誘致しようという動きがあったところでもある。しかし住民の反対が根強く、結局オリンピック誘致は実現しなかった。ウィキペディアによれば、「1977年に構想が発表され、招致運動が行われた。官主導の招致に対し、住民の一部からは反対運動も起きた。1981年の国際オリンピック委員会（IOC）総会での投票により、52―27で韓国のソウルに決定し（ソウルオリンピック）、名古屋での五輪開催は実現しなかった。名古屋市千種区・名東区の平和公園にメインスタジアムを建設し、愛知県、岐阜県、三重県の東海3県の広域開催が計画されていた」とある。が、その後遺症とでも言おうか、反対運動をした人たちは、行政から長らく敬遠される格好となっていた。同時に、その東山公園・平和公園を都市公園としてどう魅力あるものにしていくかが、その後の名古屋市の大きなテーマでもあった。その行政の大きな「目の上のたんこぶ」とでもいうべきものが、オリンピック誘致反対運動の中心的な役割を果たした、東山公園の森づくりを担う市民運動の人たちであった。

　彼らの意見をどうするのか。彼らをどう扱えばいいのか。その相談が持ちかけられたのである。当時市は、彼らを何とか避けたがっているように私には見えた。反対運動が盛んだった当時名古屋には住んでおらず、

直接運動にかかわっていない私に、東山公園の検討委員としての声がかかってきたのであった。

「なごや東山の森づくりの会」の代表である滝川正子さんは、東山地区に住む元高校教師である。滝川さんはこう言う。

「最初、東山の森づくりをやろうと言ったときに、大学の先生、企業の様々な意見を持っている人たちも、市民なんていうのは文句しか言わない、サービスしか要求しないんだから、彼らをテーブルにつける必要はない、と言っていた。その中で岸田さんは毅然として、『ずっとそこで活動している市民がいるのに、それがだれかも見えているのに、その人を外して協働を語ってどうするの』と（行政に）一喝してくれたんです」

一喝したつもりはまったくないが、当事者の声を抜きに進めるべきではない。まさに今で言うステークホルダーの概念そのものである。「当事者を直接委員として入れておくべきだ」と行政の担当者に何度か進言した。その結果、行政側も渋々ながら滝川さんを委員として迎え入れたのであった。1999年のことである。

滝川さんが委員として加わったことで、東山公園の改革プランはより現実性を増し、東山公園・平和公園という自然の宝庫を、専門性の高い知識と現場を熟知した行動力で変え、「協働の市民活動」として、その後、名古屋市の環境行政に大きな足跡を残していくきっかけとなっていった。

東山の森づくりの会との関係はその後もさまざまな事業で幾度となく続いた。企業人によるボランティアの受け入れを依頼することもたびたびであった。

「いろいろな企業がボランティアを送り込んでくださった時に、課長くらいの人が『明日は普通の勤務だからな』と、社員に念を押すんですね。つまり、（疲れて休んで）企業に直接不利益をもたらしてはいけない、と。やっぱり企業人だ、と思っているところに、『そうではない』と言い続けてくれたのがPSCだった」（滝川さん）

「それともう１つ、NPOにならなきゃいけないと言われたこと。組織として継承するシステムを作らないといけないということを学んだのも

パートナーシップサポート大賞を PSC さんに！

滝川正子（NPO 法人なごや東山の森づくりの会）

　1999年の識者・市民・企業・行政などからなる「なごや東山の森づくり研究活動会」名古屋市都市センターのメンバーでした。その後、2004年、協働組織なごや東山の森づくりの会が発足し、以後、会はPSCの会員です。

　現在、東山の森には新池町バス停近くに東山の森づくり活動拠点「里山の家」があります。屋根は草つきの平屋で看板もかかっています。この名称を決める場面で岸田さんの押しが決め手で「里山の家」になりました。

　その後、協働なんて幻想？と弱音を吐きそうになると、岸田さんから多様な活動団体とCSRのケースの提示があり、時には検討会のメンバーにもさせていただきました。PSCさんの社会への貢献は何と言っても、本来ならば非営利と営利という相反する立場のNPOと企業を否定することなく、認めつつパートナーシップを合言葉に共に生きる場を探し、その拡がりを求め続けたことです。

　具体的な例として、あいおいニッセイ同和損保社さんはWeb約款運動（ペーパーレス）による紙資源やエネルギー使用量の削減を推進されています。それによりsaveされた資金を私ども環境保護の活動資金や東日本大震災被災地支援などにつながる活動への寄付活動をつづけておられます。対象団体は100以上になると伺っております。この場を借りて心から御礼申し上げるとともにご寄付いただいた資金を有効に活用し名古屋に残された貴重な森、生物の保護に役立てて参りますので今後ともよろしくご支援のほどお願い申し上げます。

　私たちは任意団体から社会的責任を果たしたく着実に活動をしてNPO法人となるべく、歩んで参りました。PSCさんは第三者としてその「外部評価」をしてくださいました。

　ただ、多くのNPO法人で働く多くの人の実態は、低賃金であり、時間外労働も多いのが実情でしょうか？NPO法人で働く多くの人の健康が心配でなりません。心身ともリフレッシュしたり、またスキルをあげるチャンスが増えることを願っています。

PSCがあったからです」と言う。

　当時は真剣にそう考えていたのだろう。これがコンサルらしき始まりだったと今になって思う。ただ、この時の市民の相手は企業ではなく行政であった。

高蔵寺ニュータウンの県有地活用

　行政との関係に関するコンサルをもう1つあげておこう。

　愛知県春日井市の「高森台県有地の活用を提案する市民の会」の4人のメンバーがPSCの事務所に顔を出したのは、確かPSCの事務所を4階から2階に移した直後だった。

　千里・多摩と並ぶ黎明期のニュータウンの1つ「高蔵寺ニュータウン」。その一角に、約8万㎡の広大な県有地があり、長い間手付かずのこの地の活用について市民の声を反映しようと、有志が「市民の会」を立ち上げたのだ。自分たちのビジョンを模型（ジオラマ）にし、それを愛知県や春日井市へも運び込んで、活用について説明を続けてきたが、行政の反応はいずれも「どうもご苦労様」程度のものでしかなく、活動が空回りしている。その行き詰まりを何とか打開したいと訪ねてくれたのだった。

　4人は全員ニュータウンの居住者で、元大学教授や市民活動家、そしてこれまで設計に携わってきた専門家ら男女2名ずつ。かれらの土地活用についての意見、方向性を聞くと「なるほど」と感心されられたものの、行政からはいわば手玉に取られ、どう進めていけばよいのか、まるで先が見えていない。市民活動としてはまだまだこれからと言ってよかった。

　行政とどう係わっていくのか、自分たちの要望をどう反映していけばよいのか。今ここで「行政との協働」をしっかり学んでおかなければ、行政から見ても「厄介な人たち」で片づけられてしまいかねない。話を聞くうちにそう確信した。彼ら自身も「勉強が必要だ」と感じていた。そこでいくつかの「協働について学ぶ機会」を提案したのだった。愛知県からNPO行政の担当者に来てもらったり、実際に行政と協働の仕組みを作ってきた全国の事例を紹介したり、直接条例づくりなどに市民として

係わった小森義史さん（安城市の自治基本条例、市民参加条例、協働に関する指針の制定に係わるなど「市民参加と協働による人とまち育ち愛★あんじょう」の会長、次章にも登場）に来てもらうことにした。

　代表である寺島靖夫さん自身、「春日井市は、市民活動を何らかの形で支援する、サポートする。しかし、本丸である市政に関すること、市の運営等に関しては口を出しては困る、とはまでは言わないけど、反映するシステムはない。『あなたたちはお祭りとかで毎日楽しくやってちょうだい』というふうにしかとれない。真面目な提案すると、『それは我々に任せておけ』と。パブコメもないわけじゃないが、形骸化している」と、協働を学んでなおそうした行政の姿勢に疑問を投げかける。さらに、「実感したのは、市民と行政の双方が成熟していない。人材育成については、市民も必要だけど、行政に対してもアプローチしていただいて、その後マッチングしていかないと。他都市の例を知れば知るほど、春日井は何十年も遅れていると感じた」と、当時を振り返る。

　コーディネーターは1年後小森氏に引き継がれた。小森氏は言う。「意見を言う機会があっても、意見を言うのは特殊な人たち。でもきちんと言っていかないと良くならない。私は自分の関係するパブコメは全部出している。1つのパブコメで20〜30件出す。すごく大変だし、ほとんどが行政文書での回答だけど。それでもやりとりが残っていくことが大事。地道な活動を続けて行けば、変わっていく」と。実際に寺島氏も、市長とのランチミーティングを期待したことがあったが、「寺島さんのところとのお食事は市長が嫌だといっている」と秘書課から連絡があったり、公募委員に会員が手を挙げても、皆落とされたこともあったという。「きっとクレーマーと思われていたのだろう」と小森氏も言う。

　ただ、「ある意味では、行政と距離感があるというのは良いこと。近づきすぎて丸め込まれるよりはいいし、ある程度発言もしてきた。そして今、少し風向きが変わってきた」と寺島さん自身実感している。「高蔵寺ニュータウン桃源郷プロジェクト」が決定し、ハナモモの咲き乱れる桃源郷にしようという具体的な活動計画が動き出し、「これからどうなる

か」──寺島さんたちは「高蔵寺ニュータウンのこの先」を楽しみにしている。

優れたコーディネーターは次の展開を示唆する

寺島靖夫（高森台県有地の活用を提案する市民の会 代表）

春日井市東北部丘陵地の「高蔵寺ニュータウン」に長い間手付かずの約8万㎡近い広大な県有地があります。2012年、私たち市民有志が「高森台県有地の活用を提案する市民の会」を立ち上げました。

市民からの「こうなったらいねアンケート」をもとに大型模型を造り、各所で展示会を開催しました。しかし行政の反応は「どうもご苦労様」程度のものでした。行政との進展はほとんどなく、虚しさを感ずる日々となりました。

進展しない原因がどこにあるのか、たどりついた結論は「市民の声が行政に反映されるシステムがほとんどない。」というものでした。設立して2年後の2014年、ようやくそのことに気が付き始めました。

しかし、またもや大きな壁が。この課題の理解を深める勉強会をどのように立ち上げたらいいのか、どこから手をつけたらいいのか、途方に暮れていたその時、運営委員の一人が「PSCさんに相談してみよう」と提案。事務所を訪ねた日から事態は急転直下。岸田さんをコーディネーターに迎えて「市民協働勉強会」を開くことが決まりました。

「行政との協働」という全くの未知の世界へ足を踏み入れることになりました。当時、岸田さんは国、地方自治体などと「協働推進」講座を開くなど、多彩な活動を展開していました。

第1回は春日井市議による春日井市における「市民協働」の現状と課題。第2回は愛知県が唱える「市民協働」。第3回は先進事例として、安城市の先進事例報告。第4回は「市政に市民の声を活かすにはどうしたらよいか」シンポジウム。第3回の安城市の先進事例で講師として小森さんを紹介いただき、2015年から2年間にわたる「市民協働勉強会」のコーディネーターを務めていただくことにも繋がりました。岸田さんの的確なアドバイスが勉強会の方向性を定めることになりました。

「NPO と企業の協働」を生み出すコンサルティング

　NPO に対するコンサルは、組織改善を目指して、「運営評価をしてほしい」との依頼や、「パートナーシップ大賞」の応募団体から、『協働レベルをもっと高いレベルに発展させるためのコンサルティング』（詳細は「NPO&企業　協働評価〜目指せ！『パートナーシップ大賞』」に収録）の依頼など多岐にわたるが、「NPO と企業との協働をどう進めたらいいのか」に関するコンサルについて、まずはNPO 側へのコンサル事例を紹介しよう。

　NPO とはいっても、組織としては大先輩であり、私たちより規模もずっと大きい財団法人（現在公益財団法人）アジア保健研修所（AHI）からの依頼は、特にNGO 分野で広がりを見せつつあった『企業との協働への取り組み』を自団体としてどう進めていくかであった。愛知県日進市で、アジア各国から保健ワーカーたちを集めて育成研修しているNGO で、長年にわたって成果を挙げてきたAHI にとっても、新たな分野であり関心の高いテーマでもあったのだ。熱心な職員たちによって、真摯な議論が数回にわたって交わされた。「団体にふさわしい協働とは何か、パートナー企業はどこか」を、AHI の歴史ある温かい雰囲気の施設のなかで、模造紙を拡げながら模索していったのを記憶している

　「パートナーシップ大賞」への関心も高く、最終プレゼンや審査にもたびたび顔を出してくれていた団体でもある。その主事を務める鳥飼真紀子さんは、パートナーシップ大賞に参加し、企業とNPO の双方による最終プレゼンを見て、「『仕事って何だろう』ということの、基本に立ち返らせてもらったように思いました。誰かが幸せになれたり、課題だったことが改善・解決したりすることが、既存の枠を超えて、多様なアクターがつながることで実現したいろいろな事例に、温かさ、新しさ、前向きさ、いろんなよい感情で満たされて帰途についたことが印象に残っています」と記してくれた。そして、PSC がもたらした効果について、「私にとっては『人ならではの仕事の仕方とその生み出す価値への気づき』だった」と、思いもよらない言葉を寄せてくれた。

協働もコンサルも、一方通行ではない互いへのリスペクトによって成り立つものであることを、この言葉が改めて気づかせてくれた。コンサルをきっかけにAHIと県内大手企業の間に協働が生まれ、今も継続して

私たちの協働事業案が生まれた！

鳥飼真紀子（公益財団法人 アジア保健研修所（AHI）主事）

　2008年、団体の組織強化のために、当時、経験がなかったけれども可能性として関心のあった「企業との協働」に取り組んでみたいと考えました。その分野で知見のある人のアドバイスが不可欠と考え、パートナーシップ・サポートセンターの岸田さんのお力をお借りすることに思い至りました。アドバイザーとして数回のミーティングに同席していただき、混迷する話合いに、豊富な事例からアドバイスをいただき、消極的になりそうな場面では前向きな励ましと力強い後押しをいただき、おかげ様で、協働提案を作り上げることができました。この協働事業案は、岸田さんの関わりなくしてはできなかったと思っています。その後ご縁あって、この案をもとに、とある企業との協働事業を実現し、今日まで継続発展することができています。

　PSCの活動が重要だと思うのは、パートナーシップ大賞審査・表彰式に出席した時に感じたことからです。「仕事って何だろう」ということの、基本に立ち返らせてもらったように思いました。誰かが幸せになれたり、課題だったことが改善・解決したりすることが、既存の枠を超えて、多様なアクターがつながることで実現したいろいろな事例に、温かさ、新しさ、前向きさ、いろんなよい感情で満たされて帰途についたことが印象に残っています。

　ともすると、自分の目の前にある「やらなければならない」仕事をこなすことでいっぱいになり、機械のような仕事の仕方をしてしまうことがありますが、思いやりや想像力、柔軟性、創造性が伴うことで、まったく違う価値や成果が生み出せる事例の数々に、大きな刺激をいただきました。それが結果として、自分も相手も生かすことにもなったり、1＋1＝2以上の成果が生み出せたり、たくさんの笑顔が生まれることは、なんて素敵で、なんて楽しい！

　PSCがもたらしてくれたのは、私にとっては「人ならではの仕事の仕方とその生み出す価値への気づき」でしょうか。

いることを知るだけでも何かホッとする。

企業向けCSRコンサルティング

次いで、企業に対するコンサルティングについても触れておこう。

2010年、2011年は、特に企業に対するCSRコンサルティングに重点を置いた年であった。

2005年の2月を皮切りに、2006年、2007年と立て続けに「CSR」をタイトルに入れた書籍を出版していたこともあって、CSRの推進をPSCの柱にしていこうとの意気込みも高かった。

そこで、たまたま募集していた愛知県の事業に応募することにしたのである。実は、その募集を知ったのは、明後日が締め切りという、ぎりぎりの日であった。

「あと1日半しかない」というまさに切羽詰まった日程。いつもなら、企画書を書いて予算書を作って、書類を整えて……と考えると、「もう時間的に無理かな」とあきらめてしまうところではあるが、「これは提出すべきだ」「出さなければならない」という確信めいたものが、突如沸き起こった。

NPO関係部署からの募集であればもう少し早く情報が入ったのだろうが、募集主体が、私たちが日常関係する部署とは異なっていたこともその要因であった。「ふるさと雇用再生特別基金」による全国事業でもあったため、情報が我々にも流れてきたのであろう。

ともかく、自分の頭の中にあるものを必死で企画書にまとめていった。時間がない分、練ると言うよりは自分が常々やりたいと思っていたことを、頭の整理をしながら、できるだけわかりやすく、ビジュアル的にもインパクトあるものを、と心掛けながら、ともかくその1点に集中して1日で書きあげた。残りの半日で提出用の書類や資料を、スタッフにも手伝ってもらいながら揃え、何とか間に合わせた。まさに「滑り込みセーフ」状態である。

こうして幸運にも「ステークホルダー・ダイアログによる中小企業の

活力向上事業」は誕生した。

これはステークホルダー・ダイアログ（SHD、利害関係者との対話）という、新しい手法を取り入れた事業として注目された。県としても異色の企画だったのだろうと容易に予測でき

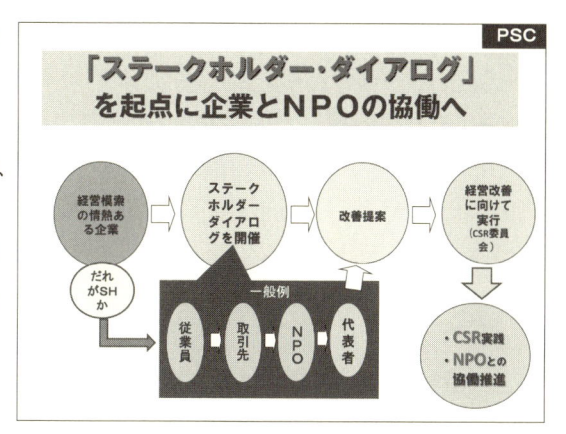

た。当初は私たちの説明を半ば「？？？」だらけで耳を傾けてくれていた。

そこで私が直接コンサルを担当したある企業の最後の事業日に、県の担当者に事業の現場に来て見てもらうことにした。

この事業が、中小企業の経営改善にいかに有効であるかを実感したのは、この担当者から「ぜひこの続きを見てみたい」と、感想を直接いただいた時であった。

2年目はさらにレベルアップして企画書を書き、企業数を倍に増やし、予算も倍額付けてもらうことに成功した。タイトルも少し変更し、「ステークホルダー・ダイアログ及びCSR推進による中小企業の活力向上事業」とした。よりCSR推進を明確に掲げての事業としたのである。この事業は、結果として2年で5000万円を超える事業になった。

報告書の前書きには次のように書いた。

「折しもISO26000が2010年11月に発効され、企業の社会的責任（CSR）に関心が高まり、企業を取り巻くさまざまなステークホルダーを意識しないと経営が成り立たない時代を迎えた。

こうした状況を踏まえて、本事業の1年目は改善意欲の高い中小企業3社を選定してステークホルダーごとに3回のダイアログを実施し、最後にマルチ・ステークホルダー・ダイアログを行って課題とその解決案を

まとめて経営陣に提案、社員に対して研修を行った。今年度はさらに3社選定して内容を充実させ、各企業がNPOや地域と協働することでCSRを推進させることを目的として活動した。

　2年目を迎えた3社は各社、CSRレポートを作成して活動報告会を合同で行った。現在、具体的な事業展開に向けて検討が行われている。新たに選定された3社ではダイアログの内容をさらに高めて実施し、より精緻な提案を行った。新規の3社においても既にCSR委員会が発足し、具体的な活動が進められている。

　このように、大企業では既に実施されていたCSR活動を中小企業でも展開したことは画期的であり、先駆的な取り組みといえよう。今後、この事業をモデルとして、県内の中小企業がCSRに取り組み、活力を向上させていくことを期待する」

　また報告書の最後には、

　「短期的な目線に立ってみると本事業における成果・効果は大きく得られた。まず、トップ・経営層が意識的に係わることによって企業としてのCSRへの取り組みが進んだこと、SHDを通じて参加した社員のCSR意識が格段に進んだこと、さらに、SHDに参加した取引先や地域・NPOとのコミュニケーションが急速に改善され、企業内部だけでは思いもつかないアイデア等が提案されたことなどが、具体的成果としてあげられる」とし、例えばS社の場合、

　「SHDでは、テーマを統一することで、企業に対する各SHからの要望や期待が明確に異なることを、数値で表す方法を導き出すことができた。それは、“漠然としたCSRへの取り組み”から、“データに裏付けされたCSRの取り組み”へと自信を持って提示することを可能にしたのである。そのことが、企業からの信頼につながることも、実感を持って受け止めることができた」

と、PSC独自の中小企業へのコンサルティング手法を確立したことを明らかにしたのである。ステークホルダーからの要望や期待を『数値化』することによってデータとして経営トップ層にもCSRに関する説得力

中核主題	取引先	地域・NPO	従業員	計
1. 組織統治	18	1	36	55 ②
2. 事業慣行	6	1	2	8
3. 労働慣行	10	7	16	33 ④
4. コミュニティ	8	27	6	41 ③
5. 消費者課題	42	60	36	138 ①
6. 環境	9	3	7	19
7. 人権・その他	4	1	0	5

ステークホルダー別中核主題分類（S社）

ある提言を可能にしたのであった（図「SH別中核主題分類」他）。

つまり、S社に対しては「50周年を迎えたS社がやるべきこと」を、従業員、取引先、地域&NPOの3つのステークホルダーが、それぞれ考え、さらに自分たちにもできることは何かを具体化していくというダイアログ（対話）をしていったのである。当然のことながら、SHによる関心の違い、要望や期待の違いなどが掘り起こされ、それらを数値化したうえで具体的な経営改善の提案、さらに行動へと繋げていった。

　S社の場合は、県の事業が終了した後も、独自に自社予算を計上し、引き続き私たちが係わっていくことになった。CSR委員会の設置、新規事業の方向性の決定、協働NPOの決定、NPOとの協働による新製品開発への道筋へと、着々と事業は展開した。

　とはいえ、やはりこれまでほとんど外部との関係を、社の方針としてあえてつくって来なかった中小企業である。工場のパート等も入れて約300人の従業員らの、CSRやNPOに対する認識は決して高いというわけではない。というより、失礼ながら当初はほとんど無いに等しかった。

　しかし、何より私たちにとって楽しかったのは、若い従業員の中に、研修やCSR委員会の開催のたびにメキメキと力をつけていく従業員が現れたこと、あるいはとても素朴に、先入観なくNPOと向き合い、自社とNPOの間に立って真摯に新製品開発に取り組んだ人など、企業として、企業人としての、素朴さまじめさがいろんな場面で相乗効果を発揮し、試行錯誤しながらも確実に実を結んでいったことであった。

　ちなみに、S社による新製品開発の協働NPOというのは、「協働アイデアコンテスト」（第4章参照）で係わった人たちが中心で、「地域・NPOの代表」として、ステークホルダー・ダイアログにも参加していただくなど、すでに繋がっていたことも大きな要因となった。

　協働の中心的役割を担ったおひとりである矢上清乃さん（ママスタート・クラブ代表、学び舎mom株式会社社長）は、「最初PSCさんがコンサルで地ならししていたので、S社が私たちNPOの話をよく聞いてくれた。他の企業さんは提案しても見向きもしてくれないことが多かったので本当によかった。（一般に）企業のいろんなセクションというのはお互いあまり仲良くないものですが、そこを横串にするセッションを岸田さんがすでにされて、ちゃんと意識合わせをした上でNPO側を招待してくださったので、すごく話がしやすく、ゴールの共有がしやすかった」と喜んでくれた。「それを真似て私もやってみようとするけど、そこが甘いと続かないし、効果も薄い。いかに岸田さんのセッションが凄いかがわかる。横串でいろんな部署を社長直轄でやっていました。そういうプロジェクトがあるとNPOが入っていきやすい。PSCのその役割は素晴らしい」と、評価してくれる。

協働の神髄と多層なチャンス

矢上清乃（ママスタート・クラブ代表、学び舎 mom 株式会社社長）

岸田さんとの出会いは、1995年にさかのぼる。北京女性会議が開かれるとたまたまニュースで知り、思い切って参加した市民団体グループに、岸田さんも参加されていた。市民団体のみなさんの活動や思いに大いに感動し刺激され、この経験のおかげもあり、自分の軸が決まりキャリアを切り開く自信もでて、海外留学、転職。そして高齢出産、産後うつ気味に……となっていた頃に、ママスタート・クラブという親子の居場所創りを目的の育児サークルをご近所ママさんと立ち上げ、どんどんスタッフも参加者も増えてきた頃に、協働アイデアコンテストの情報を見つけ応募、再び岸田さんとお会いする機会ができた。

さらに、岸田さんから、PSCさん主催の講座にて、ママスタート・クラブ設立体験談を話してほしいと打診をいただき、自分のNPO活動を人前でお話するニーズがあることに全く気付かず、自分の価値等を自分で認識するきっかけと大きなチャンスをいただいた。

3年後に、育児サークル代表者と立ち上げた団体で、再び協働アイデアコンテストに応募して入賞し、S社さんを紹介いただいた。CSR委員会にも出席の機会を得て、社長直轄のプロジェクトかつ、部門横断で指示命令系統が効かないチームのなかで、岸田さんが本質をとらえ、それぞれのメンバーの意見を引き出し、S社のCSRをまとめあげた。そのファシリテーション、コンサルテーションを間近に見させていただいた経験は宝物です。S社さんのCSR委員会との協働は、ママの視点をいかした商品開発へと発展し、ママにとっても社会に自分の意見が取り入られ、そして子どもたちにも役立つ商品開発に携われた自信をはぐくみ、S社さんにとっては、ストーリー性のある商品開発によりいつも以上に売り上げがあがり、メディアにも取り上げられ、その後も継続的な協働プロジェクトを行ってきている。

企業さんはじめ、多様なステークホルダーとの協働の真髄をたくさん学ばせていただいたことを社会に還元できるよう、精進の毎日です。

　S社とNPOとの協働は、試行錯誤の上、働くママたちの救世主として手軽で安全でおいしい新たな製品を誕生させることに成功した。もちろんこれまでも多くの製品を出してきているS社ではあったが、このNPOとの協働による新製品誕生にはこれまでにはないストーリー性があり、営業マンがお店を回っても説明しやすく、大好評なのだそうだ。大幅に売り上げを伸ばしたのは言うまでもない。

　この事業は、2年で県の事業からは外れてしまったが、結果として中小企業の良さが大いに発揮された事業展開となった。CSRといっても自社だけではなかなか進められないが、PSCが入ったことによって「こんなことをやらなきゃいけないんだ」「こうすればできるんだ」と、一歩踏み出すことができた。また、「NPOと協働する」ということが、これまでの意識の中には皆無だったが、そこを新たに意識づけることができたのも大きい。「NPOと協働すること」が、自社の本業を活かし、まったく新しい視点で捉えなおすことができるということを、改めて意識してもらうことに成功した事例の1つである。

　2年で事業が終了したあと、愛知県に提言した。

　「経営基盤が脆弱な中小企業がCSR推進を継続して行うには、本事業のような行政や私たちNPOとの『協働』が当面必要であることは言うまでもない。それは、CSR委員会が始まったとはいうものの、これからどう展開していくのかがまだ見えていない段階での不安は、トップ層や担当者レベルからも聞かれる。将来的に『新しい公共』の担い手の主役になるであろう中小企業を支援していく仕組みは、今後ますます必要とされることは間違いないであろう」とし、また本事業が「ふるさと雇用」という制限のなかで、NPOやCSRに対する知識や理解が乏しい人を雇用せざるを得なかったこと、また毎年新規で人を雇用しなければならないという制約上、企業に対してもNPOとの協働やCSRを具体的に提示し、展開するうえでの情報・知識不足から、期待したほど進展できなかった点があったのも事実であった。

　こうしたことから「複数年同じスタッフで本事業が展開できれば、中

小企業の活力向上に継続的に関与でき、かつそれぞれの担当企業に対して適切な協働提案もでき、雇用者の継続的雇用にもつながり、委託先組織（NPO）の運営力向上にもつながる」と、中小企業のCSR活動およびNPOとの協働が、地域の活性化に役立ち、中小企業の活力向上にも大いにつながる可能性があることに言及しておいたのである。行政の役割としてもしっかり根付かせてほしいものである。

保養所立て直しコンサルティング

　この他、コンサルとしてユニークだったのは、相談事業から生まれた公的施設の１つである保養所の立て直しであった。落ち込んだ利用率を回復していくためのコンサルティングと、それを実現していく職員の能力アップが目的であった。

　3年にわたって、本来どうあるべきかという「あり方検討」の議論から始まり、職員に対するアンケート調査、ステークホルダー会議の回数は6回にも及び、他施設の現地視察やヒアリング、従業員対象のマナー、企画力、提案力アップなどの各種研修、利

保養所のコンサルティング風景

用率アップのための進行管理等々、さまざまなコンサルティングを展開し、報告書を提出し、報告会を実施した。依頼者とのミーティングや保養所責任者を入れた3者ミーティング、月例経営会議による経営状況の把握や分析なども重ねていったのである。

　従業員10人程度の保養所という特色でもあろうが、『誰もが何でもできる』職場にしなければ経営的に成り立たないとの決意のもと、人員配置の見直しや大幅な人事異動を敢行するところまで進め、最後には、サービス意識の向上を意識することを目的に『接遇・サービス検定』3級の全員合格(職員9名)という快挙を成し遂げ、最大の課題であった利用者数

も前年比増になるところまで係わらせていただくことができた。

名古屋から豊橋へ。そこから先は迎えに来てくれた保養所の車で1時間余。帰りは電車が出る駅まで送っていただき、豊橋で乗り継いで帰ってくるというながーい1日と道のりの貴重な3年間であった。人脈を駆使して、東京から調査会社でご一緒だった先輩に来ていただいたり、飲食関係企業に強い友人のマナー専門講師に声をかけたり、また、顔の知られていない若いスタッフに覆面調査を行ってもらったりと、いろんなことを試してみた事業でもあった。

ここでの経験が、のちに中小企業のコンサルにも活かされていったのは言うまでもない。また、一方的な契約書が多い中で、「協働契約書」と命名し、依頼者と我々がすべて対等な関係で結んだ契約書を自分たちでつくったのも、この事業が初めてであった。

ちなみに、最初に相談に訪れたのは、同県の共済組合の関係者ら当時の施設の運営母体の責任者で、愛知県のNPO相談事業の委託を、3つの中間支援NPOが輪番制で担当していた時期でもあった。他の2つにではなく、私たちPSCを選んで相談に来てくれたのは、何をどう判断された結果だったのか、私たちに対する信頼があったればこそと確信してはいるものの、つい聞くのを逃してしまったのが今になって悔やまれる。

第6章 ◉ 多種多様な事業の数々
〜調査、人材育成を中心に

　これまでは、パートナーシップ大賞をはじめとする、中核的な事業について書いてきた。しかし、20年間の活動を語るには、さらに多くの紙数を必要とする。が、それにも限界がある。そこで、残された事業の中から、何としても記録として残しておかなければならないと思われるものを取り上げておこう。もちろん、ここに書けなかった事業がどうでもよい事業だったわけではない。報告書を見た方たちにはよく、「これだけの事業をいったい何人でやってるの?」と言われたものだが、それらはすべて年次報告書の中にしっかりと記録として残している。関心のある方は、それらを参考にしていただければと思う。

　さて、その多様な事業の数々の中から、まずは「調査」を抜きにはできないであろう。私自身がその昔、調査会社に籍を置いた経験があったことも少しは意味があったのだ。そして、もう1つの大きな柱は「教育啓発」である。企業や行政を対象とした社会人研修の講師であったという経験から企業や社会への問題意識を持ち、そこからNPOと出合うことになった。すべてはここから始まったと言っても過言ではない。以下、これらを中心にPSCの事業を綴っていこう。

全国から注目された調査報告

　1998年7月に発足したPSCと愛知県との本格的なタッグは「調査事業」から始まった。1999年からNPO法人として活動を始めたPSCは、2001年度の「企業とNPOのマッチング意向調査」で県の委託を受け、企業とNPO両方の調査を実施した。もちろんPSCによる企画提案が採択された

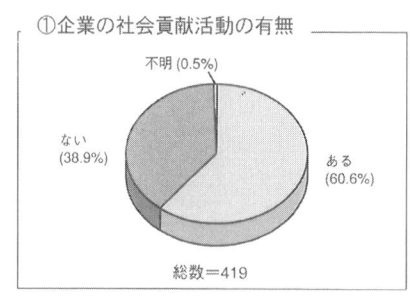

①企業の社会貢献活動の有無

不明 (0.5%)
ない (38.9%)
ある (60.6%)
総数＝419

「マッチング意向調査」より

ものである。

マッチング、いわゆる「NPOと企業の協働」をテーマにした本格的実態調査で、全国でもおそらく初めてだったのではなかろうか。発表するや、全国から報告書に関する問い合わせが相次ぎ、早々に報告書が足りなくなった。しかも、問い合わせは数年続いたのである。

回収企業419社 (有効回収率30.3%)、NPO157団体 (同47.6%)。アンケートとヒアリングによるマッチングの現状と課題を明確に浮かび上がらせ、今後の方向性を指し示したのである。

「企業とNPOのマッチングに関する課題と今後の方向性」(第3章) と題するまとめ、A4判20ページにわたってまとめた提言の文章を読み返すと、当時の状況がかなり具体的に見えてくる。項目を少し紹介しておこう。

「はじめに」につづいて、
1. 違うからこそ意味がある
2. 企業の社会貢献活動は『社会的責任』と『地域からの要請』
3. 社会貢献活動はバラエティに富んでいる
4. 『企業とNPO等の関わり』への模索
　～社会貢献活動をしているかどうかが、NPOと関わりを持つ重要ポイント　他
5. NPOは企業と関わりを持ちたがっている
　～NPO等は企業から働きかけられれば動く用意がある　他
6. 関わりを持てないのはなぜ?
　～企業はNPOに組織基盤整備を求め、NPOは企業に協働姿勢を求めている　他
7. 企業とNPO　それぞれの内部要件

〜企業の課題は…まだ「自社事業との結びつき」は考えていな
　　い　他
　8.　課題解決のために〜協働相手に求めるもの
　9.　ヒアリングの事例から
10.　企業とNPOを結びつけ助ける中間支援団体の役割
11.　用語理解と企業の将来像〜NPOと関わりがあるかないかで差
　　〜「マッチングギフト」「コラボレーション」「フィランソロ
　　ピー」は未知の用語　他

以上の11項目にわたって、調査結果をまとめている。

　そして「おわりに〜企業とNPOの協働をめざして」で、次のように結んでいる。

　「(企業とNPOの) 両者が『対等な関係』を築くことは決して容易ではない。必ずしも必然ではないのである。なぜなら『金』=『力』と見なす文化や風土がまだ払拭されていないからである。しかし、『金』はなくとも『知恵』がそれに代わる力を持ち得ることもまた、私たちは一方で十分認識している。そうしたプロセスで生まれる互いの葛藤を、私たちはしっかり見守り、むしろ愉しみ、その中で互いに成長できる関係を、急がず慌てずしっかりと築いていきたい」「調査だけに終わらず、具体的な協働事業に発展することを願い、また実際にそれをサポートするためのさまざまな事業を、私たち自身のミッションとしても展開していきたいと考えている。それが調査に携わった者の責任でもあろう」

　資金不足に悩まされてきた身としては、このまとめに若干の歯がゆさを覚えながら、それでも一方では、基本的にはこの調査を起点に、具体的な協働推進の事業として次年度には「パートナーシップ大賞」を立ち上げ、協働をサポートするための取り組みを20年間営々と続けてきたという事実は、パートナーシップ・サポートセンターに係わった誰もが承

知しているのではないだろうか。

特にこの調査で思い出すのは、パートナーシップ・サポートセンターの設立総会で基調講演を行っていただいた田代正美氏（経団連社会貢献部課長/1%クラブ事務局次長を経て、98年当時財団法人経済広報センター国際広報部担当部長）である。

1995年の阪神淡路大震災の時には、当時会長職にあったトヨタ自動車の豊田章一郎氏率いる経団連にあって、各企業から募った支援物資をヘリコプターでいち早く現場に届けるなど市民目線で支援活動をリードしたり、またいわゆるNPO法（特定非営利活動促進法）の成立をめぐっての議論の折には、NPOの立場を理解しつつ、ともに推進していこうとNPOの会議にも出てこられていた。経済界の中枢にいながら稀有な存在として異彩を放っていた人であった。

そういう人だったからこそ、企業とNPOの協働をミッションとする我々の設立時に最もふさわしい人物として記念講演をお願いしたのだが、その後も関係企業の講演会に、PSCが仲介して来てもらうなど何度かお会いしているうちに、彼がもらした本音を聞いたことがあった。「経団連でも企業の社会貢献調査をやってきたが、この調査（「マッチング意向調査」）を見て驚いた」というのだ。この調査が、企業とNPOの「協働」に焦点を合わせていることに「大いに刺激を受けた」という。「これまでの経団連の調査は、社会貢献という視点は入れてきたが、NPOとの協働という視点はまったく持ち合わせていなかった」と、私にこっそりと打ち明けてくれたのだった。そして私たちの目の付けどころを高く評価し、しきりに感心して下さったのを、今も鮮明に思い出す。企業を内部から変えたいと頑張っていたお1人であったが、2004年に55歳という若さで早世されたのが悔やまれる。

この他にも、調査事業はいくつもある。愛知県の委託事業だけでも「NPOの雇用状況調査」（2002年度）によってNPOの雇用を4タイプ（促進型、拡大型、安定型、途上型）に分類したり、「企業とNPOの協働」および

「NPOと行政の協働」の実態調査（2010年度）によって、『社会活動をしたことがある』企業の半数以上がNPOと係わりがあることが判明するなど、その後の協働の進展が明らかになったりもした。

環境分野や海外調査も…

環境に関する企業の取り組みが進んだ時期には『企業とNPOの協働による環境活動促進意向調査』（2008年度）を実施し、協働の仕組みづくりを愛知県に提言したりしてきた。（P86の図参照）

環境分野では、地球環境基金の助成事業も数多く手掛けた。「防災と環境に関する企業と地域のパートナーシップ」（2003年度）はじめ、「防災に役立つ環境保全・整備における参加型コミュニティづくりと情報発信」（2004年度）をテーマにフィールドワークを行ったり、「企業の環境活動への取り組みに関する調査・分析」（2006年度）、同じテーマで翌年には第2弾を実施したり（2007年度）、第3弾として「企業の環境・CSR活動等に関する調査・分析および促進へ向けたアプローチツールの検討」（2008年度）を試みたり、さらに「中小企業における環境・CSRのための実態調査」（2009年度）では、「中小企業の環境経営」という本にまとめて出版（サンライズ出版）したりと、長期にわたって調査活動を実施した。

ちなみに、ちょうどこの期間は、「地球環境基金のつどい」（2005〜2008年度）の委託も受けており、長野や静岡など中部各県に出向いて「組織マネジメント講座」や「環境NGO活動発展のための組織運営講座」など、各地で講座を開催したりもした。

もちろん完全オリジナル調査としては、海外調査がある。設立前後のアメリカ調査は、第1弾のサンフランシスコ・ニューヨーク（1996年度）に始まり、アトランタ・デトロイト（1997年度）、サンフランシスコ・ワシントンDC（1999年度）、ワシントンDC・ニューヨーク（2000年度）と、立て続けに企業に呼び掛けて視察に行ったり、ワシントンDCやニューヨークで無謀にもシンポジウムを行ったりもした。

2004年度にはアメリカのボストン・ミネアポリス・セントポールでの

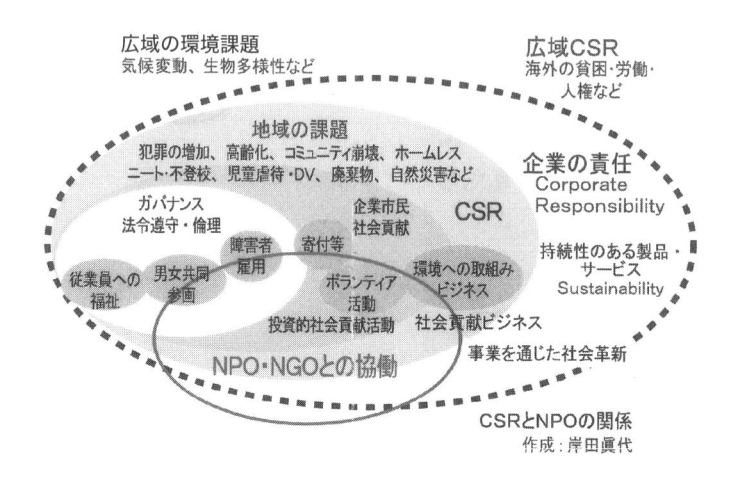

調査とともに、「欧州CSR調査」と銘打って、PSCとしては初のヨーロッパのCSR事情の視察も敢行した。ドイツ・イギリス・ベルギー３カ国のCSRに関する先進的な考え方や事例に触れ、日本にどう取り入れるのかを研究した。参加した企業はそれぞれ独自に自社のCSR推進に取り入れていった。同時に、PSCとしても企業にCSRを普及させていくための材料として作成したのが左の図である。その後もこの図は進化・深化させていき、企業が地域に係わる時の説明には欠かせないものとなった。

シニアボランティアによる調査

　さて、調査として特筆しておかなければならないのは、シニアボランティアの方たちが中心になって取り組んだ「シニアによる社会貢献活動受入れ調査」(2004年度)「シニアによる企業インターンシップ調査」(2005年度) である。シニアによるこの調査を基盤に、翌年には、おそらく全国でも初めてであろう「企業からNPOへ」のインターンシップを進めるための手引書も完成させた (2006年度)。いずれも長寿社会開発センターから助成を受けての事業であるが、当時PSCには、名古屋市にある高齢者

就業支援センターでのNPO講座を受講してくれた、高齢者というにはまだまだ余力を残した60歳前後の方たちがたくさん係わってくれていた。

2003年度には12名のボランティア登録者で、10回のシニアボランティア会議を開催。2004年度は14回、2005年度には18回も開かれており、当時開催していたPSC組織の重要な「企画運営委員会」を上回る頻度で集まってくれていたことになる。もちろん、いくら企業や大学事務局等でバリバリ働いていた有能な方たちとはいえ、いきなりすべてがうまくいったわけではない。大企業の手法をそのままNPOに持ち込もうとしてトラブルを起こし、そのうち来なくなった人も中にはいた。

がしかし、多くの方は本来の実力を発揮していただいて、調査以外のさまざまな活動にも参加してくれた。シニアの行動力に頼る場面も多々あったのだ。実は、「第3回パートナーシップ大賞」の事例集発行の際には、特集として組んだ「CSR報告書100社分析」(「企業とNPOのパートナーシップ」) では、企業各社から報告書を取り寄せ、データの収集・分析をしたのだが、それにも大いに力を貸していただいた。

シニアメンバーは少しずつ変化しながらも、その後10年以上にわたって、仲間同士の楽しい飲み会とともに継続した。

このシニアボランティアの中心メンバーのお1人である高下太郎さん (元総合商社勤務) は、「それまであまり縁のなかった『社会貢献』という世界を身近に感じるようになった」と述べている。老人施設を中心にした福祉事業所で週2日、何年にもわたってボランティアスタッフを続けており、「それまで自社中、自己中の会社人間が、『他人様が喜んでくれる』ことを、素直に嬉しく感じるようになった (その自分に結構驚いています)」と書いてくれた。

シニアボランティア会議 (2007 年)

シニア・ボランティアスタッフとして関わって

高下太郎（元商社勤務、現在ボランティア）

　10数年前、名古屋市主催の「NPO等の社会貢献活動」の説明会に聴講生として参加、そこでPSC岸田代表の話に興味を持ったことがきっかけです。

　まず、日本におけるCSRという概念の創成期から、この大きな課題に取り組まれ、現在まで20年にわたり、活動し実績を上げてこられたNPO法人PSCさんに敬意を表します。

　私個人としては、PSCのシニア・ボランティアスタッフのメンバーに加えてもらって、それまであまり縁のなかった「社会貢献」という世界を少しではありますが身近に感じるようになりました。数年後、知人に誘われ、ある「老人施設を中心にした福祉事業所」を対象としたボランティアスタッフに参加、雑作業を中心に、コーラスグループなどにも加わり、毎週2日程度継続的に訪問、現在に至っています。そこで得たのは、それまで自社中、自己中の会社人間が、「他人様が喜んでくれる」ことを、素直に嬉しく、感じるようになったことです。（その自分にけっこう驚いています）

　そこで私からの提案です。PSCさんのメインテーマ「CSRを広める」ことは、当然、重要課題ですが、中間業務のみならずNPO法人の立場として、企業関連に限定されない「具体的な事業」も必要ではないかと考えます。直接的・具体的な活動に関わることにより、貢献活動対象者の反応を直接感ずることが、大きなモチベーションとなるのではないかと期待します。

人材育成の柱〜「NPO起業・就労科」等失業者向け訓練講座

　「人材育成」も事業の柱の１つである。「教育啓発事業」という分野に位置するものだ。もともと企業や自治体での社会人研修を専門としてきた私にとっては、本来中心とすべき事業でもあった。「人材育成」とは少々おこがましい響きではあるが、少なくともNPOの理解者を増やしていくことがその根幹にあり、PSCという組織を立ち上げるにあたって最も早く手をつけた分野でもあった。

　人材こそが社会を動かす全ての根底にあると私は思う。1996年PSC立

ち上げ前に実施した「パートナーシップ講座」で、ある大企業の総務課長が「お金を出す企業が、なぜもらう側のNPOと対等にならないといけないのか」とまるで屈託なく質問してきたとき、これこそ「人材育成の重要性を顕著に物語ってくれるもの」と思ったものだ。「NPOを理解する人材」が多く輩出されれば、企業の中からもこのような疑問は減少していくであろう。むしろNPOと対等な関係で地域や社会を見ていく人たちが増えていくのではないか。そうなれば、私たちがめざす「協働によって豊かな地域や社会をつくる」というミッションに少しは近づいていくかもしれない――。

　そうした思いもあって、人材育成は私たちの事業の中でも重要な、そして大切にしてきた分野でもあった。その1つが「NPO起業・就労科講座」に代表される失業者向け訓練講座であった。厚労省の委託事業から、その後委託元が愛知県や中央職業能力開発協会等に変わったが、基本となるのは、失業者を対象とした職業訓練講座であった。期間は3カ月から6カ月にわたり、月曜日から金曜日まで毎日実施された。とっかかりはNPOサポートセンターを通じて全国のNPO支援センター数カ所が手を挙げて始めた事業でもあるが、2002〜2011年度の10年という長期にわたって継続したのは、PSCだけではなかったろうか。それだけ私たちPSCにとっても大事な事業であった。

協働コーディネーター養成講座（2004 年）

　名称は、「NPO起業・就労科」に始まり、「コミュニティビジネス科」「NPOソーシャルビジネス科」「社会的事業者育成科」「社会的事業コーディネーター養成科」と、時代に合わせ、要請に合わせて変化していったものの、それぞれ300時間を超えるカリキュラムを、実にまじめに企画構成し、PSCのNPO団体や企業会員らを講師に招くなど、受講生にとっても、ここでしか得られない新鮮で貴重なNPO理解と社会事業への接点

の場となっていった。

　受講生の多くはやはり企業に就職していったが、なかには、もちろんNPOを設立した人、個人事業を始めた人、店舗を構えた人などいろいろである。その中から受講生の声をいくつか紹介しよう。

　岡田明子さんのお店は、三井住友海上名古屋ビルの「NPO喫茶アイリス」にも程近く、NPO喫茶の定例会議の後などに立ち寄らせていただくことが多い。とてもおしゃれな日本茶専門店で、オープン当時からそのスマートさは変わらず、日本茶はもちろん健康的な軽食とともに、仕事帰りの人たちのホッと息抜きできる場所にもなっている。

背中を押していただいて…

岡田明子（日本茶カフェ「ピーストチャ」店主）

　求職中（職業訓練校には関心がなかったのだが）チラシが目に留まり、講座生（2007年度　NPO起業・就労科）になりました。

　現在、日本茶カフェの経営をしていますが、受講後にどうありたいかを発表する機会を与えられ、「日本茶カフェをやりたい」と言ったことがきっかけになっています。現実的に捉えられすぎ、近しい周囲の人にはなかなか言い出し辛いことでしたが、利害関係のない、適度な距離感の学舎の仲間たちには、出会ったばかりの私の話をさらりと受け止めてもらえ、意見も気軽に言ってもらえたと思います。発表したことで自分自身の意思も固まり、NPO喫茶なども事前に経験できました。

　2009年3月に「国際センター」駅近くに店をオープンし、講座で目指したことが現実となりました。

　岸田先生には、事業計画書の作成において適切なご指導を賜りました。起業の際には、この時の経験が大変役立ちました。ありがとうございました。

現在、名古屋市や小牧市で活躍している虫明達夫さんも講座生の１人だ。「NPO起業・就労科」を卒業後1カ月でNPO法人を立ち上げ、半年後には小規模通所介護事業所を始めた。今や名古屋市内で「10人村」を2カ所、さらに小牧市で児童館の指定管理を3カ所も受託し運営している。彼の受講時の姿勢が真剣に見えていたのは、きっと自分の目指すべき理念と具体的な先の行動が見えていたのだろうと思う。講座終了後すぐに介護事業所を開設し、着々とその事業を広げているのだ。

　講座生は終了後もいろいろPSCに係わってくれる人が多かった。直接PSCのスタッフになる人、ボランティアとして係わってくれる人、時々事務所に顔を出してくれる人……。栗原有紗さんもそのひとりで、パソコンに強く、講座に係わった講師から声をかけられ仕事を手伝う中で、その後PSCの講座にアシスタントとして顔を出したりしていた。その後ふNPOの印刷物の制作などに係わるなかで、またPSCにも再び係わってくれるようになり、チラシなどでそのセンスを大いに活かしてくれている。

第７期講座生とともに（中列右端が虫明さん）

　計250名近くの受講生が、少なくともNPOについて理解を深め、NPO団体の代表者らに直接触れ、NPOでインターンを経験できたことは、きっとそれぞれの生き方に何らかの影響を与え、どこかで何かで役立っているだろうと推察している。それが人材育成に携わる者の秘かな喜びでもある。

受講時のメモに自分でもびっくり !?

虫明達夫（NPO法人 10人村 理事長）

　私は2006年7月5日〜9月28日の約3カ月間、PSCにてNPO起業・就労科（第7期）を受講させていただきました。直後10月31日にNPO法人の設立申請を行い、翌平成19年1月19日に設立の認証。

　平成19年4月から名古屋市北区にて小規模の通所介護事業所を開始。平成21年4月から小牧市大城児童館の指定管理者を受託。平成30年3月時点で、名古屋市北区で地域密着型通所介護事業所（10人定員）を2カ所、小牧市で3児童館を運営しています。

　PSCでの受講時の記憶やメモをいま一度ひっくり返してみました。こんなにたくさんのNPOの方あるいは関係者のお話を聞いたのかとびっくりの想いでメモに食い入りました。12年前のたった3カ月間のことですが、普段メモを取らない私が、きっちりと今でも読み返すことができるようなメモを残してあることが奇跡のようなもので、非常に面白かった、あるいは面白がることができる講義内容だったのかなと、今になって思います。幅広い分野の講師の方々もそれぞれに個性的で、受講者仲間も20人だったと思うのですが、いろいろと個性的でした。

　今思えば、講座終了後ひと月で法人を立ち上げ、すぐに介護事業所の場所を見つけ契約、改修工事、事業所の認可と、たった半年という短期間で成し遂げられたのは、PSCでの準備期間のおかげかなと思います。立ち上げ準備、事業が軌道に乗るまで、そんなに不安なく過ごせていたように思います。約11年間、私が何とかNPOを運営できているのは間違いなく、この3カ月が寄与していると感謝しています。何とかなるなと確信を抱かせてくれたのは間違いありません。

　私がNPOを立ち上げた時、気になっていたのは「もし世界が100人の村だったら」と「世界で一つだけの花」です。最近、気になっているのは、「EQUALITYとEQUITYそしてREALITY」です。NPOが何をやるべきなのかは、役所のEQUALITYでもビジネス社会のREALITYでもない何かだと思っています。PSC、岸田さんとハローワークにはとても感謝しています。

「思い」を伝えること

栗原有紗（2011 年度講座生）

　2011年2月からの半年間、求職者支援「社会的事業コーディネーター養成科」の受講生として主にNPOについて学びました。講座終了後、講座の講師として来られていた方のWEB制作会社に2年半ほど勤務し、PSCとも関わりのあったNPOふくりびのWEBサイト、印刷物の担当をしていました。その後独立しましたが、ふくりびとの関係は続き、その繋がりでPSCの「まちP」の印刷物の作成をさせていただきました。また講座終了後、ウィルあいちで開催されたPSCのイベントには有償ボランティアとして参加しました。以下、学んだことをまとめてみました。

　①「人とのつながり・縁」

　求職者支援の講座でしたので、終了時に必ず就労することを目標に通っていました。講座が縁で以前より関心のあったパソコン関係の仕事に就業することができました。その後もNPOとの関わりを絶やすことなく現在まで継続してこられたのはPSCの講座を受講したからだと思います。

　②「自分の思いを人に伝えることの重要性」

　講座中は社会的事業についての勉強はもちろんですが、意見をまとめて発表する機会をたくさんつくっていただきました。自分の思いを人に伝えることでアドバイスをいただけたり、いろいろな機会に誘っていただけるようになりました。それまで自分の思いを人に伝えるということを意識してこなかった私には、それが財産となりました。また講座中は、カリキュラムを組んで下さった方や講師の方、講座のお世話をして下さった松橋さん（担当スタッフ）がいつも優しくフォローしてくれ、学びを深めることができたことを懐かしく思い出します。

　③「協働・パートナーシップ」

　講座中は、「協働・パートナーシップ」が何度もテーマとして取り上げられました。その時は、事例として学んできましたが、講座終了後も心に残り続けていて、これまでは自分の力だけでやらなければならないと思っていたことも、誰かや何かに協力してもらってできることもあると考えるようになりました。

あいち未来塾

　人材育成でもう１つ外せないのは、「あいち未来塾」である。1期2年という長期スパンで考える地域活動のリーダー養成を目的としたもので、人材発掘と養成を、PSC10周年の記念事業として位置づけたものでもあった。これはもともと滋賀県の「おうみ未来塾」が、「地域プロデューサー」の養成として20年近くにわたって行われており、1年目基礎実践、2年目フィールドワークの活動実践というプログラムで、着実に成果をあげている全国でも例を見ない人材育成の仕組みと言えた。私自身、20年近くその「おうみ未来塾」で運営委員やアドバイザーとして係わってきていた経験上、この仕組みは「全国に広げていくべき価値あるもの」と、常々考えていた。

　1期２年と腰を据えて地域のリーダー、プロデューサーを育てようという「おうみ未来塾」の仕組みそのものが、本来長期的視点に立つべき人材育成の名にふさわしく、基礎から実践までを見据えた内容のすばらしさを、ぜひ愛知県でも実現したいと、係わりが深まるにつれ強く願うようになっていた。県にも何度か声をかけてはいたが実現せず、やむを得ずあいち万博の遺産である「モリコロ基金」を得ての独自の事業となった。さらに残念だったのは、長期の人材育成を期待したにもかかわらず、2期3年（2008〜2010年度）で助成が終了してしまったことである。

　とはいえ、水谷研治氏（元東海総研理事長、中京大学教授。PSC初代代表理事飯田経夫氏の1年後輩でもある）を塾長に、運営委員長に堀越哲美氏（当時名古屋工業大学大学院教授、現愛知産業大学学長、PSC理事）、運営委員に安藤明

水谷研治氏（あいち未来塾入塾式、2008）

夫氏（当時・中日新聞社生活部次長）、NPO代表らを含む有識者計4名を配し、月1回の講義と塾生会、受講生による自主活動、運営委員による個人面談、合宿、報告会と、中身の濃い事業を展開した。もちろんその間運営委員会も開催。これら事業概要はほぼ「おうみ未来塾」と同じ

だったが、人が違えばカリキュラムも進め方ももちろん違う。

　それでも滋賀県のこの仕組みは、できることなら愛知だけでなく全国至る所で取り組むべき内容であるとの確信を強く持っていた。「おうみ未来塾」の卒塾生の多くが、滋賀県内の各地でさまざまな活動を展開し、地域のリーダーとしてその役割を果たしているという事実、滋賀県のきらりと光る存在がそれを物語ってくれていた。

　先に春日井市の『市民の会』のコーディネーターとして登場した小森義史さんもこの「あいち未来塾」の卒塾生である。PSCといろいろの係わりあるなかでも「一番大きかったのがこのあいち未来塾だった」と言

「あいち未来塾」があったから今がある

小森義史（安城市市民協働サポータークラブ会長）

　私がPSCと関わってきたのは、大きく分けると4つあると思います。1つはデンソー社員として社員ボランティアとして関わってきたこと。社員に対する社員研修をPSCに行ってもらったのが最初で、私がNPOと関わった最初のきっかけでした。その研修の後、バスに乗ってNPO法人を回るというのをやりました。確か山崎さんが担当だったと思います。そこで、本当に初めてNPO法人の人と接することができました。それが原点となっており、非常に感謝しています。これがスタートで、一番大きかったのがあいち未来塾。本格的にNPOで活動する基礎が固められました。これは2期で終わってしまって残念でした。受講者の中にも賛否両論あったとは思うが、私にとっては非常に貴重な体験、一番の基本を固めてもらったと思います。あれがあったから今があるかな、と思います。

　それから3つ目が安城市で「まちづくり人養成講座」というのがあって、PSCが請け負っていました。安城市にとって、初級、中級の2年受講すると、協働サポーターという称号が市長名でもらえます。今、その協働サポータークラブの会長をさせてもらっています。そこで養成していただいた人と今一緒に市と協働しています。4つ目が寺島さんと春日井の国有地に関する一コマをやらせていただいています。計8回の講座をやっているのですが、これをやることによって、自分としても、もう一度協働とは何なのか考える機会になりました。実際に、市長と県との関係も進展できたかなと思っています。いままで、入門・基礎を学んだ部分が実践になったということで、いい機会になりました。(ヒアリングより)

う。「本格的にNPOで活動する基礎が固められた」――、まさにこの言葉が人材育成、リーダー養成としての「あいち未来塾」の意味を物語る。

「2期で終わってしまって残念だった。私にとっては非常に貴重な体験、一番の基本を固めてもらった。あれがあったから今があるかな」と振り返る。

PSCにとって、あるいはこの事業にとって、この言葉が示してくれた意味は大きい。

また、一般社団法人わがやネットの代表理事児玉道子さんは、「あいち未来塾」2期生としてフィールドワークをあげてくれた。その活躍が目に止まっていたのだろう、当時「あいち未来塾」の運営委員をしていた名古屋市社会福祉協議会ボランティアセンター長鷲見修氏が、彼女に声をかけてくれての参加だった。当時から福祉住環境コーディネーターという専門を活かしての活動が際立っており、2017年秋には『住宅改修と地震対策でまちづくり』という本を出版している。

児玉さんが持っていた当時の「あいち未来塾」の写真を送ってきてくれたので、紹介しておこう。

あいち未来塾2期生　集合写真　　　　泊りがけのフィールドワーク

また、京都府の職員でありながら、「あいち未来塾」生として名古屋まで参加してくれた加納伸晃さんは、実家が名古屋にあるということもあり、いずれ名古屋に戻ってくることも想定しての参加であった。当時、こうした遠方からの参加者も何人かいて、東京から土曜日の講座にわざ

あいち未来塾（2期生）での学びと地域プロデューサー

児玉道子（一般社団法人わがやネット）

"あいち未来塾" 運営委員の鷲見修さんから、参加のお誘いを受けた2009年当時、私は専門学校やセミナーの講師をしながら大学院に通っていました。大学院では、地域福祉とまちづくりを研究していましたが、建築構造の教授に「高齢者宅の耐震化で何か考えてほしい」と相談を受けたことが、"かぐてんぼう隊"（家具の転倒防止の施工隊）発足のきっかけになりました。

鷲見さんからは「夫が多忙なら道子さんが」とのおおせで、正直、「何を今さら…」と思いましたが、無理をして参加して良かったです。目的や考え方、年齢・性別が違う人たちと語りあえたことは、とても刺激になりました。そして、何より楽しかった。特に、泊りのフィールドワークでは、地域で活躍されている団体のお話や、講師の方々も参加して円座での意見交換、各部屋でも熱いトークが続き、深夜まで話が尽きなかったことを思い出します。

"あいち未来塾" が目指した "地域プロデューサー" を実践したことで、その後、"かぐてんぼう隊" は、社会福祉協議会・消防署・防災ボランティアグループ・町内会などと連携し、地域へ根ざした活動へと広がりました。2015年からは、愛知県防災局・名古屋市消防局などの行政とも協働しています。

岸田先生はじめ、あいち未来塾で講師を務められた先生方、そして塾でご一緒した皆さまとの出会いに感謝申し上げます。

わざ駆けつける人もいた。

加納さんとの接点は、京都府でNPOとの協働を推進する立場で直接講演を依頼されたのがきっかけではあったが、ご自身も「かっぱ」をシンボルとする市民活動をする等、公務員でありながら広い視野をもって活動しているのもユニークであった。

佐々木康子さんは名古屋市昭和区のお住まいで、あいち未来塾に入った当時から地元志向を明確に描いており、自宅を拠点に活動することを当時から決めていた。そして「あいち未来塾」の中で塾生に揉まれつつ学びながら着々と準備を進め、卒塾時には "あったか カフェ" をスタートさせるまでになっていた。今や昭和区ボランティア協議会の副会長。地域に根付く活動を脈々と続け、まさに地域リーダーのお1人として活躍

PSC がもたらしたマルチセクターの視点

加納伸晃（元京都府職員）

　PSCとその取組を知ったのは、京都府庁のNPO協働推進課で仕事していたとき。企業とNPOとの協働や企業のCSRの推進に熱意をお持ちのNPO関係者に教えていただき、早速、企業とNPOとの協働の推進をテーマとする連続講座で、岸田代表に御講演をお願いしました。

　参加者アンケートも大変好評でしたが、私自身、岸田代表の分かりやすく歯切れの良いお話に惹かれ、実家が名古屋であったこともあり、「あいち未来塾」に応募。塾生として活動しましたが、卒塾の頃に活動をから遠ざかってしまいました。病で入退院を繰り返すに至った妻の闘病を支えるためでしたが、同期生や岸田代表はじめ多くの方々には、申し訳なく、この場をお借りして改めてお詫び申し上げます。

　妻を送った後、彼女が求めて得られなかった稀少がんのピアサポートについて、同様の思いをもって活動を立ち上げようとする人がおられるならそのお手伝いをしたい、との思いを抱きました。様々なピアサポートの現場を訪ね、ピアサポーター養成講座を受講するなどしながら、地元コミュニティ財団の寄附の仕組みを使った活動支援の枠組みを財団の方と一緒に考えましたが、多くの方々にインタビューしたこのプロセスでは、「あいち未来塾」で学んだ経験は大変に役に立ちました。改めて感謝している次第です。（※）

　京都府庁で担当した当時、「協働」というと行政との協働が過大視されることが多かったように思います。行政とNPO等とは、同じ非営利組織ですが、その行動様式は必ずしも同じではありません。そのような中で、PSCによる「企業との協働」の推進は、マルチ・セクターの協働を進めるために大きく寄与したのではないでしょうか。そして、PSCの歩みの中で生み出され、深められた、多様なセクターや多くの人々の間のつながり、信頼関係こそは、かけがえのないものだと思います。

　　　※「最期のお金の活かし方　遺贈寄付」星野哲著（幻冬舎）に事例として
　　　　紹介されている。

夢の実現 "あったか カフェ"　　佐々木康子（あったか カフェ 代表）

　50歳になったとき、60歳になって、どんなことをやるのか考えようと思い、仕事をしながら、地域のこと、女性問題、福祉いろいろなことを学び始めました。その中の1つが、パートナーシップ・サポートセンターの講座でした。1年目は講義、2年目はグループに分かれて、地域活動を体験するというものでした。思い出すために、久しぶりに "あいち未来塾" の冊子をひも解いてみました。懐かしい仲間たちの顔が浮かんできました。学生に戻ったような、新鮮な体験を、全部吸収しようというような学

あったか カフェに集う人たち

びでした。私の描いた "居場所つくり" が "あったか カフェ" として、仲間たちのおかげで本当に実現し、スタートしたところで、講座は終わりました。

　何もないところから、自分たちがやりたいことを、生み出していくことは、とてもむずかしいことでした。岸田代表の、根気のいい待ちの姿勢により、"ああだこうだ" といいながら作ったものは、未完成でしたが、それを何とか、継続していくことで、6年目を迎えています。

　そして今。我が家の "あったか カフェ" には、毎木曜日近所ばかりでなく、名古屋中より、歌声、体操、絵手紙を楽しみ、コーヒーをのみ、おしゃべりをたのしみに来てくれます。昭和区ボランティア協議会の一員となり、今年はボランティア協議会の副会長という大役を引き受けています。昭和区が住みやすい地域であるよう、力を出していきたいと思っています。

　まずは始めること、それができたのは、仲間がいたことです。今は、サロンに集ってきてくれる方々が、これから、年老いていくであろう仲間として、一緒に素敵な老後を作っていこうと思っています。PSCにかかわらなければ、"あったか カフェ" はできなかったと思うし、この2年間は、私にとって、夢の実現に向かう時間でした。

　何事も自分たちで考えて、というやり方だったので、初めは、右往左往し、とてもむずかしいと感じましたが、今となっては、とてもよかったと思います。最後に、影となり、ひなたとなってサポートしていただきました下平恵美さん（当時のスタッフ）に、お礼申し上げます。

されているのだ。

　未来塾では運営委員たちの係わりも密であった。運営委員はそれぞれ
が専門家であり、その強みを発揮して講師、塾生との個別面談などに尽
力いただいただけでなく、塾生間のさまざまなトラブルに関与していた
だくこともあった。塾生のなかには強烈な個性の持ち主がいて、声高に

コーディネーターへの道の長き距離

堀越哲美（愛知産業大学学長、PSC理事）

　あいち未来塾の立ち上げと運営に参加させていただいて、本格的にかかわ
らせていただきました。地域に係わるコーディネーターであり、まちづくり人・
人育て人の学びの場としてかかわることができました。その関係で理事とし
て参画させていただき、各種の講座や申請に微力ながらお手伝いさせていた
だいた次第です。

1．PSCの存在が重大な「こと」「もの」

　NPO、各種法人、市民団体、市民、ボランタリーな人々と企業、行政自治
体、各種団体やプラットフォームとの協働が可能となる「しかけ」「動き」「コ
ミュニケーション」を創出して、それを上記の双方に働きかける"こと"と、
それを実施する人を集め、人を育成してきた"こと"が最も重要であると考え
られます。そして、それを実践する、実践できるリーダーシップを代表が有
していること。これを世に「岸田マジック」という。

　さらに、それらがマニュアルのように単に形式化した理論書・手順書では
なく、生きた事例を示す出版物や記録集・レポートなど"もの"として存在し
ていることが重要であります。それらが作られ残されていく過程で人材とし
て育っている人々が輩出されると考えられます。あいち未来塾での塾生間の
意見の相違をともかくも乗り越えていく過程や、パートナーシップ大賞の選
考過程とこれを存続させる努力、中小企業へのCSR指導により企業の自らの
存在理由を社員が自覚されたこと等をはじめとする多くの事業に、これらの
知見が見いだされます。

2．その理由

　中間支援のNPOとしては、人的なつながりとそれを担保するノウハウ、そ
して事例・実践例の積み重ねこそが、コミュニケーションを確立するという
意義があり、事業の成否を決めるものであると考えられ、重要であると思い
ます。

自分の主張を繰り返す人もいた。分断が持ちこまれ、去っていく人が出てきたこともあった。そんな苦い思い出もある。「担当者の意見把握・実態把握への努力、代表の決断とともに、できるだけ耳を傾ける努力の重要さを痛感した次第です」と堀越委員長（当時）が記すのは、そうした背景があってのことである。いろいろな意味で「合意形成のあり方」を大いに投げかけてくれた事業でもあった。しかし、だからこそその中で人は育ったともいえるのだ。

モリコロ基金にはその後もチャレンジしたが選ばれず、結局、資金調達のめどが立たずに「あいち未来塾」は2期3年で終了ということになってしまった。2年目は1期生と2期生のダブル人材育成で慌ただしさこそあったが、そのなかでスタッフが急速に成長していったのも、この事業であったように思う。

それにしても、20年近く続く「おうみ未来塾」と短期に終わった「あいち未来塾」の大きな違いは何か。それは何と言っても事業資金の違いにあった。県知事が3代にわたって卒塾式に駆け付けたり、卒塾生と意見交換を行う場がある程、県自体が力を入れ財団法人としての予算を組んでいる滋賀県と、短期の限られた助成金のみで事業を行った我々NPOの不安定さは比べようもなく、その差を歴然と突き付けられた事業でもあった。

その「おうみ未来塾」で、最初は塾生、そしてその後おうみ未来塾を運営する側の淡海ネットワークセンター（公益財団法人淡海文化振興財団）のスタッフとして、個人的にも係わり続けていただいている現「まちづくりネット東近江」の遠藤惠子さんのコメントを紹介しよう。

滋賀県内の企業の要請を受けて、PSCがCSR推進のための事業を実施した時には、滋賀県内のNPO関係者に声をかけ集めてくれるなど、おうみ未来塾の中だけでなくさまざまな場面でお世話になった方でもある。「パートナーシップ大賞」を観に、わざわざ名古屋まで足を運んでくれたこともあった。

NPO と企業のほんとの協働で社会が変わる

遠藤惠子（まちづくりネット東近江事務局長）

岸田さんに初めてお会いしたのは、滋賀県の淡海文化振興財団(淡海ネットワークセンター)主催の人材育成事業である、「おうみ未来塾」の塾生の時でした。1999年に未来塾1期生の講座で、コミュニケーションについて学びました。琵琶湖の湖畔で、グループ毎に手をつないだりしたのを思い出します。当時コミュニケーションについての講座はまだ珍しかったと思います。

その後、私自身が淡海ネットワークセンターのスタッフになり、毎年、おうみ未来塾の講座や入塾式、卒塾式でお世話になりました。おうみ未来塾は、地域の課題を解決するために、グループに分かれて調査研究する活動を行っています。そのため、岸田さんに毎期の塾生に対して、グループ活動に入る前に合意形成についての講座をしていただきました。グループ活動の入り口としての学びで、その後のグループ運営に役立ったと思います。

また、企業のフィランソロピーネットの皆さんと共に、NPOと企業の協働について、講演をしていただきました。その時に聞いた事例について実際に体感したいと考え、第10回のパートナーシップ大賞の最終審査会に初めて参加しました。ていねいなヒアリング結果から採択された事例と、NPOとは違う視点を持った企業のプレゼンを聞いて、社会が変化していることを感じることができました。ソーシャルビジネスやコミュニティビジネスという言葉が一般的になって、NPOもビジネスの視点を持ちながら、ようやく企業との協働が見られるようになりましたが、まだこれからというところも大きいですので、一歩進んだ視野の大きさは素晴らしいものだと感じています。

PSCの活動が大事だと思うのは、企業と協働ができると気づかされたことです。NPOが企業に近づく時には寄付とお願いだけだと言われていました。よく、「提案を持って来ていただきたい」と聞いたことがありますが、協働事業として対等に事業を進められるのだと納得しました。

多くの事業が「初企画」の提案事業……

「調査」や「教育啓発」など、PSCのメイン事業以外のものをいくつか紹介したが、それでもここには書ききれないくらいたくさんの事業を展開してきた。

例えば国からの委託事業として、「勤労者マルチライフ支援事業」（2001〜2003年度、厚労省）、「生涯学習NPO支援事業」（2004〜2005年度、文科省）、「ニューライフNPOセミナー」（2006年度、文科省）、「"企業からNPOへ"インターンシップ＆協働推進事業（2007年度、内閣府他）、「コミュニティ・ジョブ支援事業」（2009年度、厚労省）、「経済団体（等）を巻き込む『SB＆企業の連携』推進事業」（2011年度、経産省）などがあり、また愛知県や名古屋市、近郊市町の委託事業など、到底すべては挙げきれない。

　「委託事業」とはいっても、そのほとんどが自分たち自身で企画提案した事業であり、数多くの競合の中から採択されて実施に至ったものが多い。「委託」という響きからは、主体というより受身のイメージしか出てこない気がするが、むしろ企画から運営、報告書づくりまでを自主的主体的に展開した。特に、「NPOと企業の協働」をミッションに掲げていることから、全国初の提案も多く、今までどこもやったことのない初の事業となることも多かった。

　例えば、2009〜2010年度に実施した「企業・市民・NPOコラボ400」という事業では、名古屋開府400年というメモリアル事業に際し、『企業と市民・NPOがコラボできる社会をつくろう！』と呼びかけた。経済団体、行政、NPO、かつ名古屋市の事業にもかかわらずそれを大きく超えた広域のNPO等をも巻き込んだ運営委員会を設置し、「市民・NPO向け」「企業向け」それぞれの協働講座の開催（協働基礎講座〜企画力魅力アップ講座〜プレゼンテーション魅力アップ講座等）によって下から協働の意識とスキルを積み上げつつ、その力を発揮する場として『協働フォーラム』を開催した。マッチングコーナーでは「協働コーディネーター」が

「企業・市民・NPOコラボ400」

協働マッチングボード（コラボ400、2010）

協働成立をサポート。実際にその場で194件の商談と54件の「協働したい」が生まれ、「企業とNPOのマッチング＆商談の場」が、会場の名古屋国際展示場(白鳥)レセプションホールで楽しく展開されたのであった。

全国からこのイベントを見に来る公務員も何人かいて、こ こから全国へ協働の場づくりやマッチングが広がっていくきっかけともなった。翌年には愛知県にも同様の事業を広域にアレンジして提案。「協働＆協創型」ネットワーク促進事業として開催され、ウィルあいちの会場全体が大いに盛り上がったのも記憶に新しい。

また愛知県の事業では、「協働事業模擬仕分けワークショップ」(2009、2010年度) という事業もかなりユニークだった。「事業仕分け」というと、マイナスイメージを持たれる方もいるかも知れないが、私たちの目的はあくまで「行政・NPOの相互が、模擬仕分けを通じてそれぞれの役割を検討し、自治体で実施すべき協働事業について検討する」というもの。それぞれが協働についての理解を深めたのち、持ち寄ったモデル事業について仕分け委員による質疑・討議を経て「協働できる事業」「NPOとしてやりたい事業」などを仕分けていったのである。

事業仕分けの専門家を招き、行政やNPOの方たちとともに学びながらの事業ではあったが、「協働事業の仕分け」の意義と可能性を確認できたのは大きかった。参加者の8割が「自分の市町でも協働事業の仕分けを検討すべき」だと答えてくれる結果となった。

経産省事業〜コーディネーター育成

国の事業の中からもう１つ紹介しておこう。「経済団体（等）を巻き込む『SB&企業の連携』推進事業」である。堅苦しい名称だが、ここでい

う「SB」とは「ソーシャルビジネス」のことである。SB/CBと、コミュニティビジネスと併せて表現されることが多いが、これは、PSCが推進してきた「協働アイデアコンテスト」や「コラボ400」などの成果やノウハウを、全国の中間支援NPOに移転しようという事業であった。

　この事業で最終的に作成したQ&A付きのテキスト「NPO×企業　協働推進Q&A（解説付き）」「"NPO&企業" 協働コーディネーター人材養成プログラム」の2冊のテキストが、経産省における最終報告会の席上、審査委員長からじきじきに「完成度が高い」と、極めて高い評価を得たもので、NPOと企業をコーディネートするPSCの本領発揮とも言える成果物となった。

　この事業では、栃木ボランティアNPOセンター「ぽ・ぽ・ら」、ソーシャルコーディネートかながわ、（N）Mブリッジ（三重）、（N）きょうとNPOセンター、（N）ひろしまNPOセンターの全国5つの中間支援NPOが、我々のノウハウ移転先として手を挙げてくれた。協働アイデアコンテストやパートナーシップ人賞への参加による「協働評価」の体験をはじめ各地でのシンポジウムや成果共有など、さまざまな事業を展開した。同時に、PSCが培ってきたノウハウの整理、マニュアル化など、検討委員会や有識者会議などを並行させ、協働推進のプロセスを分析し、スキームとしてまとめていった。これらが成果物に反映されているのである。

　この他、愛知県内の各市町の職員を対象とした「パートナーシップへの扉」「市民参加の政策づくり」などの研修（地域協働促進事業）、愛知県安城市の「まちづくり人養成」の委託事業など複数年にわたる特筆すべき事業も数多い。関心のある方にはぜひ過去の年次報告書などをひも解いていただきたい。

　少し視点の変わったものでは、中部社研（公益法人 中部圏社会経済研究所）からの委託で行った「市

「市民参加の政策づくり」行政職員研修

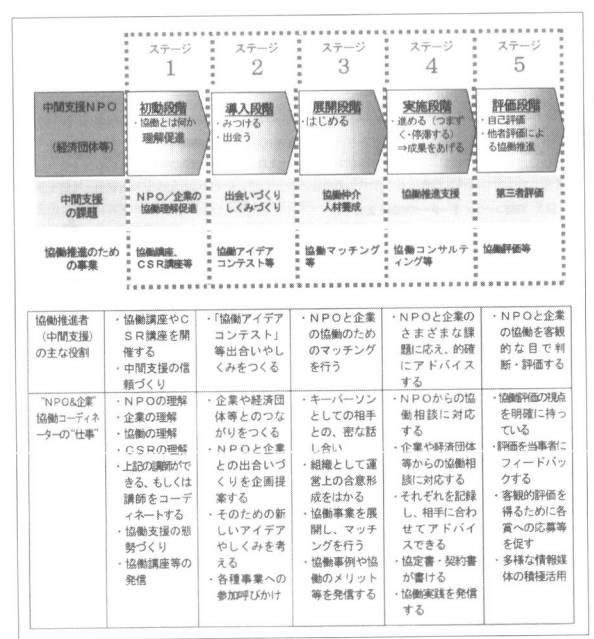

協働推進のステージと
「協働コーディネーター」
の仕事

民・行政・企業の協働による地域防災に関する実証研究」がある。

　東日本大震災の教訓・南海トラフの被害想定予測などを受け、防災の仕組みを確立しておこうと、愛知県小牧市に拠点を置く4社を中心に、地域防災プログラムの策定に向けた実証研究として、「地域防災研究会議」を開催。防災の現状や企業が地域防災にどう係わるべきかを、専門家を交えながら検討していった。

　企業ヒアリング、市長公室長との面談などを踏まえて成果をまとめた。その時、「企業が地域と係わっていくために」と題して、過去の被災地における事例を紹介してもらったのが、レスキューストックヤード（RSY）で活躍している浦野愛さんである。

　RSYには、当初栗田暢之代表理事に企業向けに講演してもらうことが多かった。しかし、全国で災害が多発するに伴い、RSYの活動は全国規模となっていった。出会った当時まだ学生だった浦野さんも今やRSYの

災害救援 NPO と企業のかかわり方

浦野　愛（認定 NPO 法人レスキューストックヤード）

　最初は、代表理事の栗田が窓口で関わりを持たせていただくことが多かったですが、数年前に企業の災害時のBCPと、社員や周辺地域を含めた防災のあり方について、講演会やワークショップの企画・運営を自分が担当することとなり、受託したことが自分の最初のきっかけでした。「企業で防災の話をしてくれない？」と声をかけてくださったのは岸田さんでした。

　PSCの組織や事業がもたらした最も重要な「こと」「もの」は、企業側に対し、災害時に企業として地域に貢献すべきであるという考え方や、NPOと組むことの利点などについて、理解を深め、広げる役割をPSCが担ってくださったこと。また災害救援のNPO側にその実績を積む機会を与えていただいたことで、当方のような災害救援のNPOが、信頼の担保もなく、いきなり企業に飛び込んでいったところで、最初から話を聞いてもらったり、提案を事業化していくのは相当難しいことだと思うので、PSCが声をかけてくれたことはとてもありがたかったです。

　災害時に企業の方々と連携・協働する機会は増えつつありますが、日常の防災活動における取組みはまだまだ進んでいません。それは、社員の防災教育、地域貢献の一貫に防災の要素を取り入れる社会的な意義やメリットを当方側も説明しきれていない点があるからだと思います。また、災害救援活動も防災活動も、圧倒的なマンパワー不足で、企業の社員の方々がここに関心を持ち、関わっていただく機会が増えれば、裾野も広がっていくと感じます。防災は環境や福祉とも密接に関係しているテーマですが、「防災」は災害が起こってみなければわからないという特性から成果がみえにくいためか、別物と切り離されているところも感じます。環境や福祉のようなとっつきやすさを取り入れた提案をするためには、どのような工夫や見せ方をしていけばよいのか、ぜひアドバイスをいただければと思います。

屋台骨を支える主要メンバーとなっている。PSCの要請に応えて、この事業の中で企業へのアドバイスを提起してくれたことが、研究者からのアドバイスや報告書の裏付けとして有効だったのは言うまでもない。

講師派遣

　全国各地からさまざまなテーマで講師派遣を依頼されることも多かった。その数多くのなかの1つ、松岡秀紀氏からのコメントを紹介しておこう。

　京都で、オムロンの元副社長とともにCSR推進の活動をしていた松岡氏から、基調講演を頼まれて何度か伺ったのだが、企業と市民との交流の手法を、自分たちなりに工夫しているのがよく分かった。同時に、私たちがコラボ400などで得た経験をそこに少しではあったがプラスする

小さな現場にも足を運んでくださった

　　　　松岡秀紀（一般財団法人アジア・太平洋人権情報センター特任研究員）

　一番最初の出会いは、Gメールに残っているデータからだと2011年の9月が最初のメールのやり取りでした。その時のやり取りは下記の「企業とNPO 協働のフェスタ」の件でした。現在はその現場を離れていますが、6年後の2017年9月にまた別のところ（大阪）でお世話になりました。

　2012年1月に京都市で、同年3月に綾部市で、当時の「新しい公共」の予算を使って「企業とNPO 協働のフェスタ」を開催しました（主催：一般社団法人CSRプラットフォーム京都）。そのそれぞれのメインゲストとして岸田さんに来ていただき、「NPOとの協働が企業を救う！～ CSR推進はNPOとの連携で」と題して基調講演をしていただきました。「NPO等のミッションである社会的課題の解決と、企業が取り組むCSR課題との協働・連携で、よりよい地域活動のモデルづくりを行う」と銘打っての事業でしたが、経験不足は否めず、日本パートナーシップ大賞などすでに長らくこの分野で経験と知見を重ねておられた岸田さんに負うところは大きかったです。

　翌年にも同様の取り組みを行いましたが、この1年目の経験がやはり大きかったと思います。とくに、京都市から特急に乗って1時間ほど北部にある綾部市まで足を運んでくださったことへの感謝は今も覚えています。綾部駅からさらにタクシーで15分ほどの会場に到着された、そのときの光景が今も記憶に残っています。重要なのは、地域の小さな取り組みの現場にまで足を運んでくださったことだと思います。それは、これまでのPSCさんの取り組みにも現れているものだと思います。

ことができたのもうれしかった。

　京都で出会った松岡氏が、昨年は大阪からの講演依頼。組織は前とは異なっている。もちろん大阪、京都は同じ近畿圏であり何の不思議もないのだが、すでに数年経っている。お互い今何をしているのか。時を経て、あるいは組織を超えて再び出会えることは、互いがどこかで繋がっていればこそである。歳月を経たからこそなおのこと。見事にその繋がりを証明してくれたのだ。こういう出会いが、全国に出かける原動力にもなっている。

なごや環境大学

　何かがどこかで繋がっている……といえば、なぜか結果として10年以上も係わりつづけてきた「なごや環境大学」がある。行政に生まれた新しい組織として、その可能性を秘めていたからかもしれない。私たちが求めていた、あるいは私たちNPOに求められていた組織とも言えるだろうか。

　なごや環境大学は、「市民NPO・企業・大学・行政の協働により持続可能な地球社会を支える人の輪づくりをする中間支援組織」として誕生した。私自身、名古屋市からはさまざまな委員となることを要請されてきた。公共事業評価監視委員をはじめ、公園等指定管理者評価委員、交通問題調査会委員、緑化基金運用委員、市議会議員報酬委員、特別職報酬等審議会委員……、いずれも複数年、かなり長期にわたっているものも多い。そこに開府400年記念事業実行委員など短期のものも加わってきたりしたが、その中で「なごや環境大学」は少し趣きの異なる組織である。その設立前後から多くの市民、大学等が係わり、支えてきた、国からも注目される存在であった。これも「あいち万博」という大きなイベントの後に生まれた組織の１つと言えよう。その実行委員であり幹事という立場を結局10年以上も務めることになった。

　その間PSCとしては、受付事務を担当したり、事務局次長を派遣したりという新たな組織の運営そのものにも関与してきた。それは「なごや

環境大学」が、市民・NPO、大学、行政、企業等、まさにコラボで成り立っている組織であることを証明し、皆でそれを支えてきたことをも意味している。

そのなごや環境大学で、名古屋市職員として出会い、その後もいろんなところで出会うことの多かった寺西さんは、こんなふうにコメントを寄せてくれた。

名古屋市の当時の現状について、寺西さんの言葉を借りよう。

「名古屋市は、藤前干潟保全に伴うごみ減量を市民とともに成し遂げたという実績から、さまざまな事業に『市民協働』という手法を取り入れて、地域課題の解決を目指してきていました。しかし、『ごみ』に関しては市と市民が真正面から議論を交わしあう関係で、その仲立ちをする『保健委員（現・保健環境委員）』という制度があったため成し遂げることができましたが、CO_2削減、生物多様性の保全といった課題やそれを広く市民参加で行うという新たな課題においては、どのような手順で協働を進めていくか手探り状態でした」

まさにそんなときに誕生した、なごや環境大学。「まち中がキャンパス」というキャッチフレーズで環境先進都市になろうと意気込んでいた名古屋市。ゴミ問題というすべての人が関与する問題については何とか乗り切ったものの、その他の現実に横たわる数々の課題にどう向き合うのか。これまではそれぞれの立場でぶつかりあうことも多々あったなかで、「『協働を促進する仕組み』として、さまざまなセクターによる持ち寄りの課題解決を意識した組織を立ち上げ、講座形態を中心とした人の環づくりをはじめた」のがなごや環境大学だったのだ。

「仕組みを回していくにあたり、立場が異なる人々との合意形成をどうしていくか、また、課題を解決していくためのキーパーソンの模索など、行政が直面したことがない事象に多く遭遇し、それを上手に解決していくための存在として、ノウハウやネットワーク」が求められていたのだ。そのことを振り返って、「中間支援組織に大いに助けられました」と寺西さんは語ってくれるのである。

協働促進の心がけ「パートナーシップ」の学び

寺西慶徳（名古屋市環境局）

　PSCとの関わりは「なごや環境大学」の運営に携わったことがきっかけです。私は平成6年から名古屋市環境局で働いており、市民や事業者とのパートナーシップが重要となるなごや環境大学で、実行委員の岸田代表と出会い、PSCがミッションとして掲げるパートナーシップという手法を用いての市民協働の進め方を学ぶことができました。

　岸田代表のノウハウや熱意に触れる機会があったおかげで、多くの人々とパートナーシップを構築でき、環境分野でトップランナーを目指す本市の戦略事業を進める大きな力を得ることができています。

中間支援組織という存在

　なごや環境大学の立ち上げ時から、岸田代表には実行委員として参画いただき、また、企業との協働をコーディネートする事務局次長の派遣をいただくなどご支援を賜りました。事務局次長の熊沢さんからは企業への営業方法などを教えていただき、企業と協働事業を経験することができました。岸田代表からは、なごや環境大学の運営に資する厳しくも温かみのあるご意見を多数頂戴し、多様なセクターとのパートナーシップの構築を意識した運営を行うことで、なごや環境大学に集う多くの団体からの信頼を得ることができました。

　特に「なごや環境ハンドブック」の改定にあたり、岸田代表に企画構成をお願いした座談会を催した際は、はじめてお会いする方々からも、「将来の環境首都なごや像となごや環境大学」についてお話いただくことができ、それぞれの立場を尊重したパートナーシップを企画構成に織り込む実際を学ぶ良い機会となりました。

　その後も、岸田代表を介して名古屋の環境問題を真剣に考える方々と出会えたことは、長く環境局に勤めてきた私にとって、協働という手法で施策を進めていくための、非常に役立つ学びの場となりました。

　パートナーシップの構築には、多様なセクターとの認識や言語の違いを認め、吸収することが大事で、それを広くしていくためには、違いをつなぐインタープリターになることが大切という教えは決して忘れません。

　私の事業推進のスタンスの根幹となるものを得ることができ本当に感謝しております。これからも、パートナーシップを意識して事業を進めてまいります。さらなるご指導・ご鞭撻をいただければ幸いです。

市民を育む温かい伴走者

根岸 恵子
（名古屋市中川児童館、多世代学びあいネットワーク、
特定非営利活動法人こどもNPO）

なごや環境大学の実行委員として活躍されていた岸田さんと、各セクターをつなぐ多様な協働のしくみづくりや環境学習の場づくりを共にさせていただきました。当時事務局職員であった私は、岸田さんが持つ視点や社会課題解決へのアプローチ方法やスキルを具体的に示していただき、運営するあらゆる事業にその要素を注入することができました。

特に岸田さんに牽引していただいていたなごや環境大学の共育ゼミナール（環境分野の市民による社会実験）では、ご自身と市民活動の担い手のみなさんとの直接の対話の機会を大切にして取り組まれていたことが心に深く刻まれています。岸田さんの温かく、時に鋭い助言により、市民活動の担い手のみなさんは自身の活動の社会的価値を自覚することができました。具体性を持って、活動の年間評価を示すことによって市民団体自身が社会背景を意識し、活動の有用性を理解することができたのです。また、助言を通して市民に直接アプローチするだけでなく、その行く末を意識した発展性や協働の可能性を示してくださったことは、市民の多様性を育み、持続可能な社会の担い手づくりを大きく推進させました。

現在、私自身は社会課題に直面する現場で活動したいという思いから、中間支援組織のなごや環境大学からNPO法人に活動の場を移しました。NPO職員として子どもを取り巻く社会課題を解決する手立てを模索し日々奮闘していますが、NPOは資金的にも、人員資源が不足しており、目の前の現場の活動に手一杯です。そのため、活動の礎となる社会的役割・成果・評価づくりまで到達できない等の現状があります。NPOに来て岸田さんのように、現状に沿って客観的かつ具体的に寄り添ってくださる伴走者の存在がいかに大切かということを切実に肌で感じています。

寺西さんの、市の職員でありながら市民とのパイプを大切にし、関心あればどこにでも出かけて来てくれる真摯な姿勢が、我々NPOとしても1人の信頼できる協働仲間として繋がっていった。

寺西さんが、なごや環境大学の初期のころに係わった人であるのに対し、後半で事務局スタッフとして係わった人が根岸恵子さんである。

　今はその職を離れ、名古屋市内の子ども施設の館長に転職しているが、事務局にいる頃は、自分の存在意義にいろいろ迷いつつも、役割を果たそうと頑張っていた姿が目に浮かぶ。

　なごや環境大学が、市民NPO・企業・大学・行政の協働で「持続可能な地球社会」を支える中間支援組織と認識しつつも、その運営は名古屋市環境局の予算で成り立っているという事実から、少しいびつ?とも言える組織であることは免れない。根岸さんのように市の職員ではなくプロパーとして働くスタッフにとって、（私を含む）多くの実行委員の立場や利害の異なる意見を調整していくのは、並大抵のことではなかったろうと、容易に想像できる。その分きっといろいろな葛藤があったのではなかろうか。今、組織は違ってもリーダーとして活躍する彼女にとって、その経験はきっとさまざまに活きているのではないだろうか。新たな舞台での活躍を期待している。

第7章◉ 新しいページをめくって
〜PSCの運営を支えた人々

　これまで事業を中心に書いてきたが、この章では、それら数多くの事業を支えてきてくれたスタッフたちの声を中心に記していこう。

組織とスタッフたちの歴史

　スタッフたちの中には、PSC設立前から手伝ってくれていた人たちも何人かいる。「女性の自立と能力開発を応援する」をキャッチフレーズに1989年に有限会社「ヒューマンネット・あい」を立ち上げ、主に中高年女性のための再就職情報誌の発行および「中間管理職〜女性社員育成への道」「たかが制服　されど制服」などをテーマに中部経済新聞に連載した。また『女が働く　均等法その現実』（六法出版社）を出版するなど、女性による女性のための活動をその会社を舞台に展開していた。厚生労働省が「Re-Be」という情報誌を出したのも、私たちを含め全国で女性たちが発行していた再就職情報誌などがきっかけだった。

　その「ヒューマンネット・あい」からNPOへの移行期の中で活躍してくれたのが、田中弘美さんであり、木曽原葉子さんであった。「P研ニュース」（P研はパートナーシップ・サポートセンターの前身である「パートナーシップ研究会準備会」の略称）を発行しながら、毎月1回の会議を、市民はもちろん、企業の人、行政の人なども巻き込みながら開催していた頃（1996〜98）である。

　田中さんは今、子ども・子育て・若者支援、子どもの参画の推進などを考える「NPO法人子ども＆まちネット」副理事長、障がいのある子どもとその家族を支援するNPO「障がいのある子どもの父母のネットワーク愛知」代表の他、キャリアコンサルタント（技能士2級　国家資格）とし

て 主にニート状態にある若者の就労や就活を専門的にサポート、若者の就労、再就職、企業の中でのキャリア形成支援、さらに独立・起業などに対しての相談、支援等、幅広く活躍している。

NPO喫茶アイリス（第3章参照）が今の『社会福祉法人ゆめネット』に運営を上手くバトンタッチすることができたのも、田中さんの仲介があったればこそである。福祉の世界からP研の頃、そして今を振り返ってくれた。

同じく「ヒューマンネット・あい」の頃から係わってくれた木曽原さん。彼女もまたその頃展開していた事業に携わりながら、いつしかNPOの世界へ足を踏み入れた。当時も今もバイオリンのプロフェッショナルであり子どもたちからリタイア後の成人まで幅広く指導を続けている。

とはいえ、もともと利益を目的にした会社を経営していたわけではなく、女性たちが自分の能力を活かして活躍できる社会を意図していたこともあって、三重県で外国語語り部ガイドブックを作ろうという事業が出された時も、市民の活躍できる場を広げようとの意図で企画提案したものであった。したがって、NPOはまさにその延長線上にあり、木曽原さん自身も抵抗なくNPOの活動へと移行していった。

また、自分の住む一宮市を題材にして「繊維のまち一宮 新旧住民による共育共創プロジェクト」を立ち上げ、「全く未知の世界なので……」と言いながら調査やまとめにもチャレンジしてくれた。PSC初期の国の事業として行った「シニアライフ事業」も「NPO起業・就労講座」も、彼女のおおらかさで、いろいろ苦労しながらも8年間を乗り越えてくれたのである。

彼女は言う。PSCの組織や事業がもたらしたものは「NPOという働き方の選択、そしてNPOの持つ社会的な位置づけを広く企業や一般社会に知らしめ、互いを『Win-Win』の関係に導くこと！」だったと。

もう1つ三重県の事業でちょっとユニークだったのは、「少子化CM制作」だった。ちなみに、この頃三重県の事業が多いのは、当時北川正恭知事のもと全国でNPOの先頭をひた走る「NPO先進

NPO が活躍できる社会

田中弘美（障がいのある子どもの父母のネットワーク愛知 代表　他）

　私が初めてNPOという言葉を聞いたのは岸田さんからでした。当時、岸田さんのイギリスやアメリカでの視察の話を聞き、諸外国の進んだ状況、日本でのNPOへの認識の低さを知り、これからは日本でもNPOが活躍できる社会となるといいなと思いました。

　また、私は個人的に『福祉』に関することを勉強していましたが、福祉こそNPOがその本領を発揮できる分野だとも思い、自身の中での福祉の今後あり方、みたいなものを自分なりに考えるようになりました。現状の福祉の状況を見ると、そのような意味ではその考え方は間違っていなかったと思います。

　今でも、NPOだからできる、意義があると思える事業は多くあると思います。しかし、NPOゆえの弱さや日本における、やや誤解された立場は、まだまだ変えていかねばならないとも感じています。

　福祉または保育もですが、人と直接関わり、その育ちや生活そのものに深く入り込む仕事には、きれいごとと言われようが、理念や理想があるべきだと思います。お金が儲かりそうだから、ニーズがあるからというだけの理由でサービスを提供している事業所を非常に多く見ますし、事業の中心に「人」が居ない企業や事業体を見て、危機感や焦燥感を感じています。そのような意味でも、利益をあげること＋社会的な役割の大きさや尊さを求められる分野にNPOの果たす役割は大きいはずと考えています。

　さらに、多くのNPOが資金面や人材面で困難を抱えている現状もあり、理事や職員のやる気と好意だけで何とか成立している部分もあるように思えます。果たす役割が大きい分、より優秀な人材と資金が、健全なNPOに集まるような仕組み、社会の理解（NPOはボランティアだと思っている人もいまだ多い）もまだまだ必要と感じます。そして、もちろんNPO自身の努力や事業開発も重要な課題ですが。

　P研の頃だったと思いますが、岸田さんが常に諸外国の状況を例にあげて「イギリスやアメリカなどでは、行政と企業とNPOは対等の立場で社会を作っている。互いに尊重しあい補い合い、フェアである」とよく言われたことを覚えています。印象的でした。当時から、本当にそんな社会が実現すればいいと思っておりました。今はどうでしょうか？　まだまだ日本では、フェアだと言える状況ではないようにも思います。

NPO という未知の世界へ

木曽原 葉子（Brilliant Violin School 主宰）

「ヒューマンネットあい」の三重県外国語語り部ガイドブック制作事業を二度にわたり担当。その後PSCにてシニアライフ事業、NPO起業・就労講座、パートナーシップ大賞等を担当。8年間お世話になりました。

PSCの組織や事業がもたらした最も重要な「こと」「もの」としては、NPOという働き方の選択、そしてNPOの持つ社会的な位置づけを広く企業や一般社会に知らしめ、互いを「Win-Win」の関係に導くこと！だと思います。

一般社会で働く市民と助成金等でバックアップしてくれる公や企業、そしてその2つを繋ぎCSRの意義とノウハウを導くPSCの働きは、本当に画期的な形のNPOであり、20年も前にその未知の世界に無鉄砲ながら飛び込んだ私を褒めてあげたいとともに、広い心で受け入れてくださったPSC岸田さんに今、感謝の気持ちでいっぱいです。

県」と言われていたのが三重県だったことと無関係ではない。また私自身、三重県の女性センターや三重県内市町での職員研修など、当時さまざまな研修講師を務めてもいた。PSCとして行政から受託した第1号（「企業&市民　パートナーシップ・フォーラム　inみえ」1999.3）が三重県だったのもそうした背景があったのだ。

「少子化CM制作」は三重県の「少子化問題啓発事業」として受託したもので、少子化問題を考えてもらうための啓発ビデオを県が資金を提供しNPOとの協働で制作するというものだった。これに応募して受託したPSCは、「少子化制作委員会」を組織して、CMづくりの基本コンセプトから啓発用のビデオ制作までの企画運営を行った。三重県在住者中心に少子化問題に意見を持つ10名を集め、ディベートを行いそれを撮影し記録していった。なかなかユニークなビデオに仕上がり、「日本人がいなくなる!?」というタイトルのビデオと報告書が出来上がった（2000.3）。

三重県で事務局の補助を担当してくれたのがNPO喫茶で最初に係わっていただいたTSU・アイリス（当時。現在は津アイリス）であった。そこに制作委員メンバーの1人として、愛知県から唯一参加してくれたの

が三輪昭子さんだった。前年のPSC主催「パートナーシップ講座」への参加がPSC参加のきっかけとなった。

その後三輪さんは、企画運営委員として、あるいは一時期はPSCスタッフとして1年間アメリカツアーなどを担当してくれた。2000年にはワシントンDCおよびニューヨークで、PSC主催のシンポジウムを開催するという、当時としては結構無謀な企画に事務方としてつきあってもらった。その時同行していたプロの若手カメラマンが、ワシントンのホテルのロビーでカメラを盗まれるというハプニングがあった時にもスタッフとして対応してくれた。

当時、彼女自身はいくつかの大学の非常勤講師をしていたが、そこから着々と道を切り拓いていった。自分の学生たちを、授業の一環として「パートナーシップ大賞」のプレゼンテーションや表彰式に参加させてくれたり、新たに設けた「中部まちづくりパートナーシップ大賞」のヒアリング等にも係わってくれている。

三輪さんとほぼ同時期に企画運営委員であり、学生時代から交流のあったのが、西村麗子さんである。旧姓伊藤さんの時代から、結婚、子育て期の現在に至るまで断続的ではあるがPSCに想いを持って係わってくれている。歴代最も若い企画運営委員ではなかったろうか。

「企画運営委員」というのは、理事を補佐するとでも言おうか、あるいは設立当初、ほとんどいなかった事務スタッフの代わりと言おうか、事業を企画し運営する側に立って事務局を大いに助けてくれる存在でもあった。大企業の場合などは理事が役職付きで実質活動に参加できないことも多く、むしろ企画運営委員が直接PSCの活動に係わってくれていたのである。

例えば、トヨタ自動車などは、当時理事は異動に伴いほぼ2年程度で交代することが多かったが、企画運営委員である池上博身さん（第1章参照）は1998～2003年と、6年間PSCに係わり続けてくれた。PSC設立当初の3つ折りパンフレットなどを作って印刷まで請け負ってくれたのも池上さんであった。印刷がらみで記しておくと、PSCの会報誌である

「PSCレポート」（隔月奇数月発行）は、デンソー、デンソーユニティサービスが長期にわたって印刷を請け負ってくれた。PSC会員企業として、社会貢献・地域貢献の１つとしてしっかりと位置づけられていたことがわ

パートナーシップは継続の中に、あり！

三輪昭子（愛知学泉大学現代マネジメント学部准教授）

　1999年夏、研究会で知り合った女性から名古屋で面白いことを始めた団体があると教えられ、10月ごろパートナーシップに関するセミナーに参加したのが、その第一歩でした。内容に興味が持てたので、2000年になって、少子化CM制作が三重県で行われ、そのメンバーに選んでいただき活動に直接関わりました。

　2000年4月から役1年間にわたり企画運営委員としてPSCで活動し、2000年度のアメリカツアーを担当しました。ツアーに参加し、その訪問先の１つ、アメックスで得た「コーズ・リレイティッドマーケティング」をひとつの研究論文にしたきっかけで、愛知大学経営学部で「ソーシャル・マーケティング」の講座を2007年9月より担当しています。その後、2012年から現職、愛知学泉大学現代マネジメント学部の准教授です。

　教育学を中心とした科目のみを担当してきましたが、PSCとの関わりをきっかけに経営学の分野、特に「ソーシャルマーケティング」が主担当となっています。

　PSCは、パートナーシップに価値を与え、パートナーシップ大賞を創設し、企業とNPOの協働事業を応援してきました。開催が難しいという話を耳にすることがあっても、12回まで実施することができたのはすばらしいです。企業とNPOの協働事業やパートナーシップについての認知は、まだそんなに高くないと思います。10年近く「ソーシャルマーケティング」の講義を行ってきましたが、その関係の情報の定着は難しいのが現状です。また、最近同僚として迎えた地域社会学の担当者はNPO研究を始めるというが、協働事業については、ほとんど情報がなかったと言いました。

　思いだすのは、初めて参加した、パートナーシップに関するイベントで、NPOがどういうものなのかを説明してくださった面高さんの「真に民主主義を支えるもの」というようなことに感動したことです。それは、学部学生の頃「民主主義論」についての卒論を書いた関係で、興味あることでした。

社会起業家の大先輩

西村麗子（Association of Research for Career & Art 代表）

　名古屋大学経済学部在学中　AIESECの企画を通じて、（有）ヒューマンネットあいのインターンシップ生として岸田さんに出会い、PSCの設立を拝見していました。現在は、（株）リクルート退社後、フリーランスのキャリアコンサルタント、カウンセリング系NPO理事兼カウンセラーとして、転勤族妻兼、3児の母をしています。

　1998年、大学3年生の当時、机上の空論として漠然と世の中を見つめていた自分自身が、経済人として、一個人として、母親として重要な概念を裏付ける原体験となるきっかけの1つが岸田さんという代表理事との出会いでした。当時ソーシャルアントレプレナー育成に関わる企画をしていて、ミレニアム前の不況の時代という背景もありましたが、企業のCSR意識の高まり、行政セクターの行き詰まり、特に日本社会において成熟していない市民社会セクターを育て、他のセクターとつなぐための、21世紀に必要な事業組織だ、という確信を抱いておりました。学部時代の興味の中心であったのもNPOでした。

　そのなかでPSCは、時代に先駆けて、NPO文化を日本社会に根付かせ、事業活動を通じて多くの人材育成を果たしたことが最も重要なことだと感じています。結局、NPOセクターにとって、社会全体の有益にとって、人材育成が根本だからです。

　PSCの意義をとても強く感じているがゆえに、これからの時代にはもっと若い人たちの力をこのセクターに投じられるような仕組み、働きかけをしていきたいですし、コーディネート力を持つ人材の育成、後継者の問題、AIに対応する新しい事業の柱作りなども次の事業展開として考えられるのではないかなと思います。

　愛知県出身の自分としては、グローバル視野を広げつつも、人をはぐくみ、地域をはぐくむ第3のセクターの盤石な基盤をPSCが先陣を切ってくれていたおかげで、より住みやすい地域として発展しているのではないかなと考えています。岸田さんの人柄と熱意をインターンシップしている時から感じていました。社会的ミッションをぶらさず、コア事業の収益性を確保し、より優秀な人材の採用を通じて、岸田さんが創業されてきた事業を誰がどのように展開されるのか、とても楽しみです。

かる。

　事務所も当初は「ヒューマンネット・あい」の間借りだったこともあり、三井住友海上（当時は三井海上）の2階ホールや11回の会議室を借りての月1回の定例会を開催していた。企画運営委員は大体14〜15名。多い時で17名ほどいた。「企業市民フォーラム」「NPOアイデア交流会」といった、当時のメイン事業を支えてくれる存在でもあった。ただ、企画運営委員の存在は1998年から2005年までで、その後は事務所も池下駅前に構え、事務局スタッフも徐々に増えていき、実質の事業運営を事務局スタッフで行うようになっていった。この間、50人余りの人が企画運営委員として支えてくれたことになる。

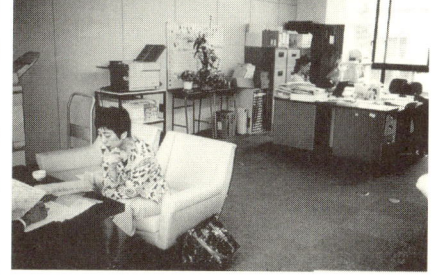

はじめて独立したPSCのオフィス（2002）

　そうした中で西村麗子さんが企画運営委員として係わってくれたのは2001年である。それ以前に名古屋大学の学生の頃、アイセック（AIESEC）の活動の一環で「ヒューマン・ネットあい」の方にインターンシップで来てくれたことがきっかけだった。実は、彼女のアイセックの先輩（愛知淑徳大学生）がPSC設立前後の活動を大いに支えてくれていたことも影響していたのだろうが、当時はアイセックメンバーが中小企業や起業家と言われる人のところでインターンをすることが多く、なぜか私のところにもきてくれていたのだった。また私も彼女たちの若さと行動力を頼りにしていた。

　卒業後リクルートに務め、また結婚し、九州などに転勤することもあったが、そのたびにきちんと連絡をくれ、そして今や3児の母となった。が、どこにいてもしっかりと自分なりにキャリアを積みあげ、自分でどうにもならない時間をも決して無駄にはしていない。ようやく名古屋に落ち着けるかと思いきや、また夫の転勤で東京へ。なかなかPSCの活動に係われないのが残念である。

後継者さがし

　後継者探しを始めたのは、もうずいぶん前のことである。10年にもなるだろうか。

　PSC前中期（2003〜2007年頃）に出会ったスタッフの中には、今から考えると後継者にふさわしいメンバーが何人かいた。しかしまだ当時はそこまで後継者探しも深刻ではなかった。その１人が田代涼子（旧姓・河地）さんである。2003〜2004年の半年間という短い期間の在籍ではあったが、今でも連絡をくれる。結婚し、愛知県の半田市に根を下ろし、自分の特技を活かしてPRツールの制作活動を、子育てしながら続けている。

　彼女がPSCにいる間は、同時期の少し困ったスタッフたちに手を焼いていた私にとって、彼女の素直さと、こちらの求めているものに寸分違わぬ結果を出してくれる能力の高さや機転のきく言動は、20代という若さばかりか、頼もしさも感じていた。しかし、ハローワークを通じての

「考え方」の提起をした PSC

田代 (河地) 涼子（「言葉工房トム」代表）

　ハローワークでの求人広告を見てPSCへ。「NPOと企業をつなぐ」というミッションが、面白そうだと感じ、応募しました。スタッフとして約半年、働かせていただきました。今は、愛知県半田市で、「言葉工房トム」という屋号でPRツールの制作をしています。

　PSCのすばらしさは、「協働」という考え方を、社会に提起し、浸透させたこと。パートナーシップ大賞の実施、NPOと企業のお見合い（注:NPOアイデア交流会）など。私が在籍したころ（2003年）は、まだまだCSRという言葉が新しく、岸田さんがそれで本を書こうかな〜と言われていた時期だったと思いますが、その後、CSRは見事に社会の中に入っていきましたね。

　26〜27歳の時期に岸田さんと出会い、PSCで仕事をさせていただき、約半年と短い間でしたが、それまで企業でしか働いたことのなかった私にとって、何かと刺激的でした。一番ありがたかったことは、PSCを通して、広い視野をもった大人の方々に、たくさん出会えたことです。自分の人生も、社会も、自分の手で作っていくものだと感じることができて、今の自分につながっていると思います。ありがとうございました!!

仕事（企業と地域住民による『環境と防災』の地図作成事業）はあっけなく
終わり、その後、彼女は進むべき自分の方向をすでに決めていたようで
あった。のちに大手会員企業の理事から「ぜひうちに来てほしかった」
との声も聞いた。

　その後しばらくして結婚の報告もあり、そして子どもとともに成長し、
自分の道も切り拓いていくようすが、毎年届く賀状から伝わってくる。

　もう1人の後継者になってもらいたかったと勝手に思っているのが、
宮下太陽君である。

　彼から学ぶことも多かった。どんな時も実に気持ちのいい対応をして
くれた。今、株式会社日本総合研究所でコンサルティングをしているの
だが、きっと相手先からも気に入られているのだろうと勝手に推測して
いる。PSCのスタッフとして主に係わってくれたのは、地球環境基金の
委託事業であった。名古屋大学の大学院生として移ってくることになっ
た際、もともと京都でNPOに係わっていたこともあり、名古屋でもNPO
の活動に係わりたいと探していたところ、担当の教授を通じて紹介され
たという。

　「環境NGOと企業の集い」（地球環境市民大学校）のイベントを中心に、
直接事業を担当したのは2年ほどだった。が、どうしても学業を終えて
からの活動が主となった。いっしょに残業することが多く、また長野県
や岐阜県など中部各地での講座の開催は土日だったこともあって、それ
にも担当者として付き合ってもらった。結果、実に多くの時間を共有す
ることになったのだが、一度たりとも不快そうな顔を見たことがなかっ
た。それは私ひとりでなく、当時のスタッフたちも感じていたに違いな
い。「宮下君がいたらねえ」というスタッフの会話を、その後幾度となく
聞いた。

　「パートナーシップ大賞」にも調査員として係わったが、京都時代の
事例を推薦したり、調査の大先輩とともにNPOや企業にヒアリングに
行ったりもした。調査を通じて先進的な取り組み事例を肌で感じたこと
は、きっと彼の今の仕事に役立っているのではないかと思う。

わが心の師

宮下太陽（株式会社日本総合研究所）

名古屋大学の院生の時に、PSCを知り、活動に参加。地球環境基金のイベント及びパートナーシップ大賞に関わりました。大学院での授業が終わってから、夕方事務所にかけつけてバタバタと仕事をさせていただいたことがとても懐かしいです。大学院終了後、就職と同時に名古屋を離れたので、PSCに関わらせていただいたのは約2年間でしが、岸田さんをはじめとするすばらしいスタッフの皆さんととても濃い時間を過ごさせていただき、今の自分の糧になっています。

現在は、株式会社日本総合研究所に勤務し、主に民間企業向けにHCM（人的資本管理）に関するコンサルティングに従事しています。PSCの組織や事業がもたらしたものは、企業との連携という視点でNPOを社会の中で根付かせるためのソリューションの提供であり、これをゼロから立ち上げた点にあります。社会に出て仕事をするようになって改めて実感しましたが、世の中にないものを作る、ゼロをイチにするというのはとてつもなく難しいことだと思います。

また、スタッフの1人として、一緒に仕事をさせていただく中で、岸田さんのリーダーシップのあり方はとても印象に残っています。企画を推進していく中で、いろんなことが起こり、いろんなことを言う人がいても、自らが信じたことを貫き、持ち前の明るさでまわりを引っ張っていく。私も30半ばになり、仕事でプロジェクトリーダーを務めることが多くなってきたこともあり、当時の岸田さんの姿を目標として、１つの指針にさせていただいています。

他には夜遅くに事務所で作業をしているときに、岸田さんに寿司の出前を取ってもらったこと（笑）。今でも覚えています。

先日、岸田さんに久しぶりにお会いできる機会がありました。相変わらずエネルギッシュできらきらとされていて、自分もこういう風に年を積み重ねていきたいと思いました。岸田さんはわが心の師です。

木内奈央さんは、元は地方紙の記者をしていた人である。今は夫の転勤で神奈川県に移り、そこで高校の先生になった。在職中に妊娠し、2人の男の子のお母さんとなった。PSCの事務局にいるあいだはさくさくと仕事をこなし、安心して仕事を任せられた。彼女がいた2009年から

2012年は、PSCにとっても新たな企画を提案してつかんだ仕事の多い時期でもあった。同時期に前後して入職したスタッフは、それぞれが事業を担当してそれぞれの仕事を進める中、木内さんはまさにその全体を支える位置にいた。2人の男の子のお母さんとは思えない愛らしい姿で、しかし仕事ぶりは「なるほど！」と思わせる采配振りであった。記者をしていただけに文章がすらすら書けるのも頼もしかった。

　もっと長く名古屋にいて活躍してくれていたら……と思いつつ、それでも夫の転勤先で高校の先生になったと聞いて、「やはりそちらに進んだか」と妙に納得してしまった。やんちゃ盛りの高校生を相手にかわいい

時代の最先端を走っている PSC　　木内奈央（神奈川県立高校教諭）

　夫の仕事の転勤で名古屋に住むようになり、もともとNPOのお仕事に興味があったため門をたたきました。それ以前に新聞社で働いた経験があり、それを活かせる仕事というのもありました。他の事務局スタッフの方に教えていただきながら、協働アイデアコンテストやパートナーシップ大賞などの事業に携われたことは、本当に貴重な経験でした。

　現在は神奈川県立高校に勤務しています。さまざまな課題を抱える生徒を積極的に受け入れ、多面的な支援教育を行っている学校で、NPOとの連携もしており、まさに「NPOとの協働」の場にいることになります。学校の教員だけでは不十分な「居場所づくり」「相談窓口」を、NPOのスタッフの方やボランティアの方に協力していただいて行う事業もあり、PSCで学んだことを今後活かして貢献できたらと思っています。

　PSCの組織や事業がもたらしたものは、「NPOと企業の協働」というキーワードを広めた（一般化）したことだと思います。企業のCSRについても、「やって当たり前」という考えが中小企業にも浸透してきていると感じます。現在の勤務校は、地域の公益社団法人と生徒の就職面接指導や職場見学体験なども行っています。これも協働だなと感じています。

　協働は、これまでできなかったことが可能になったり活動の幅が広がったり、新たな成果を生み出したりできることだと思います。

　名古屋を拠点に、これからも全国各地に「NPOと企業の協働」を広めていってください！私も何か協力できることがあればお手伝いできたらと思います。

先生っぷりを発揮しているのだろうと、ほほえましく思ったりもしている。きっとPSCで学んだNPOのこと等も、どこかにちらちら盛り込んでいるのだろう、と。

　2010年2011年はことのほか忙しく、事業も人もピークだった。

　2010年は、名古屋開府400年にあたる年で、「コラボ400」の事業があり、「あいち未来塾」「協働事業模擬仕分け」がいずれも2年目を迎えていた。「保養所コンサル」も3年目。それに「第7回日本パートナーシップ大賞」があり、「第5回協働アイデアコンテスト」があった。加えて半年間、月〜金の毎日「社会的事業者育成科」の講座があり、2月からは「社会的コーディネーター養成科」もスタートした。主な事業だけでもこれだけある上に、「NPO協働事例調査」と急遽企画提案して採択された「ステークホルダー・ダイアログによる中小企業の活力向上」がさらにプラスされ、「ふるさと雇用」の基金事業で人もかなりの人数を雇うことになった。事務所も満杯である。

　2005年に名古屋市千種区春岡の事務所から、同じ池下駅ではあるがぐっと駅に近いビルに移って、講座用の教室も事務所に隣り合わせて確保していたが、それでも足りなくなって、同じビルの同じ階で引っ越しがあったのを幸い、その部屋を教室専用に独立させることにした。失業者向けのNPO講座が、1年を通してほぼ継続できるようになったのも大きかった。また講座がある分、多くのNPOの人たちに講師として来てもらったり、講座生をインターンとしてNPOに送り込んだりと、人の交流も事業とともに最も活発だった時期でもあった。

　2011年には、2010年のあいち未来塾や保養所は終了したものの、経産省の「経済団体等を巻き込むSB＆企業の連携」推進事業という、さらに全国5カ所の市民活動センターを巻き込んでの事業が加わり、2年目のステークホルダー事業とともに人の動きもお金の動きもますますダイナミックになっていった。

　この時期は、ハローワークからももちろんたくさん雇用したが、PSCが

この間いろんな名称で実施してきたいわゆる“失業者向け講座”の卒業生からも何人か応募してくれた。その1人である阿部聡一郎さんは、今もPSCの仕事をよく手伝ってくれるひとりでもある。彼は、もともと旅行業界で働いたのち、介護事業所等で長く働いた経験を持っていた。講座生の時からふくよかな体型と寛容な性格で仲間からの信頼も厚く、人柄の良さをほうふつとさせる人当たりのいい人物である。

母親の介護等で仕事を辞めたとはいえ、あまり焦って仕事に就こうとしているようには見えなかった。そこでこちらから声をかけステークホルダー事業に係わってもらったのである。もともと講座も一度落ちたが空きが出ての復活当選。彼の言によれば、「社会常識には自信があったんですが算数が小学生に劣るレベルで見事に落選」とあっけらかんと言う。

社会的事業の学びから実践へ

阿部聡一郎（ステークホルダー・ダイアログ＆CSR推進事業スタッフ）

社会的事業者育成プログラムは非営利活動法人に関する社会背景や概念の理解とNPOで事業を運営する上で必要と思われるスキルを向上させていくことの2つの柱で進められていました。様々なNPOの活動をそれぞれの団体の代表者スタッフから説明及びその団体の見学やパソコンなどの技能研修文章のまとめ方、申請書の作成、会計労務から、ファシリテーションの会議の進め方など多岐にわたるもので、50代半ばの私にとって大変啓発される内容でした。また20数名のクラスメートも年齢経験など様々で非常に魅力ある方々で現在でも交流ある方もあり、その後の自分の人生を豊かなものにする力になりました。

また講座の後半に差し掛かる頃、パートナーシップ大賞最終審査・授賞式に初めて参加し、投票しました。NPOと企業の協働の姿を初めて目の当たりにして初めの戸惑いが消えて話を聞きました。

その後、ステークホルダー・ダイアログに来てみないかと岸田代表に誘われ、そこから2年間CSR推進事業のスタッフとして係わりました。しかし、行政から資金が打ち切られたのちは営業がなかなかできずうまくいかなくて退職。今は福祉事業のNPOを手伝っています。PSCで学び、実践した経験を活かしてこれからも様々な社会課題に対応していきたいと思っています。

　その後、ステークホルダー事業の雇用スタッフとして入職。もともと「ふるさと雇用」は基金という性格上1年間という制限付きではあったが、できることならこの事業を継続したいとの期待もあり、講座生でNPOの理解もあるメンバー2名に、事業継続のために営業的活動をしてもらうことになった。当然のことながら、雇用者全員を継続する資金的余裕はなかった。しかし、彼ら2名の雇用時の条件を落とすわけにもいかず、報酬もそのままでの継続となった。しかしもともといた女性スタッフからは、「自分たちよりずっと条件が良い」と苦情が出たのは、私にとっても辛かった。彼らの給与も企業や公務員に比べれば、決して高い給与ではなかった。あくまで「ふるさと雇用」という条件下での設定であったが、NPOの現場から見れば、確かに一般給与としても「良い方」に属した。残念ながら現状では、NPOの給与が安すぎるということを、誰かに訴えても誰も解決してはくれない。だからこそ、彼らにもその事情を理解してもらったうえで、それに見合う働きをしてもらいたい、というのが当時の正直な気持ちであった。

　しっかりと成果・成績を残して次につなげて欲しかったが、結局それは実現せず、彼ら自身、自分の給料を自分で稼ぐことの難しさを痛感するにとどまった。もちろん企業に対しての営業ということだけではなく、国や県等の委託事業を獲得するための企画書づくり等にもチャレンジしてもらった。彼らだけではなく、元からいたスタッフたちにも企画提案や助成申請にどんどんチャレンジしてもらっていた。が、それらはこの年ことごとく退けられる結果となったのであった。

　この結果、このピーク時の2011年を境に、翌2012年は大幅な赤字に転落。人件費がやはり大きく響き、明らかにこの年から経営が行き詰まり、停滞〜後退へと向かっていった。全国的にも中間支援NPOの経営は急速にしぼんでいった。その大きな理由の1つは、国のNPO予算が大幅にカットされていったことと無関係ではないだろう。2年間で95億円を超えるNPO予算が一気になくなったのだから無理はない。とは言え、それをも見越して行うのが経営に責任を持つ者の務めであり、あくまで私

の経営判断ミスが招いた結果でもあった。ある意味では本来利益を追求していないNPOの宿命と言えば言えなくもない。が、「そんなことは初めからわかっていたはずだ」と言われれば、まさにその通りである。甘んじてその責を受けなければならない。

　その背景に、いつまでも私ひとりが企画書を書いているだけでは…との長年の想いもあった。10年来の後継者づくりという命題も私の頭から離れることはなかった。だからこそ、あえてこの年以降自分が企画書を書いて何とか食いつなぐというパターンに終止符を打とう、と決意していたのであった。スタッフにそのことを自覚してほしいと、心から願った。PSCを自分たちが担うという自覚。そのためには、どんな社会をつくりたいのか、そのためにはどこがどう変わっていかなければならないのか。それを形にするためにはどこにどんな働きかけを行うのか。PSCらしい企画をどう提案していけばいいのか。そんなことを考え、実施できるスタッフを期待した。

　もちろん、組織を担うためには、企画書が書ければそれでいいというものではない。後継者についてずっと頭の隅から離れることはなく、あらゆる可能性を自分の中で描いていた。できることならスタッフの中から出てきてほしかった。それがかなわないなら外部に求めることもあるだろう。そう言えば、日本NPO学会で「パートナーシップ・リーダー」について自分なりにまとめ発表したこともある。自分で作った「リーダーに求められる要件・能力」200問チェックによる分析が、企業や行政だけでなくNPO向けにも十分通用するものであるとわかっていたので、それをベースに書いたものであった。

　自分なりの後継者の条件が特別厳しいとも思ってはいなかった。だが、後継者に創業者である自分と同じことを求めても無理だということも承知していた。むしろ思い切って、自分と全く異なるタイプであっていい。あるいはまったく違う事業を行ってもいい。「NPOと企業の協働推進」というミッションさえしっかり守ってくれさえすれば。そう思っていた。1人で無理なら複数で役割を分けることもありうる、とも考えていた。

　できることなら、自分自身がこれまでに作ってきた企業向けの研修プログラムやCSRのコンサルの手法についても譲り渡していきたい。パートナーシップ大賞などのメイン事業も新たな視点でバージョンアップしていってくれたら……とも思っていた。それができるのはいったいだれ?という後継者選びの視点は、しかしどんどん変化していかざるを得なかった。

　数年前のことである。まさに継続雇用した彼らが営業で行き詰っていた頃。いわゆる営業を任せてみたもののうまくいかず、事業の見直しを迫られていたとき、Mという人物に出会った。全国に影響力を持つNPO組織で知り合った人からの依頼で地方の講演を頼まれた。たまたまMにも同じ場での講演を依頼されており、同じ愛知県ということもあって、Mと私を引き合わせてくれたのである。Mは社労士で、NPOに造詣が深いというよりはその企画力と行動力が注目されていたのであった。ユニークなまちおこし活動を、地元で若い仲間たちとともに行っているということであった。Mは私とは全く別タイプではあったが、同じ愛知県ということもあってPSCの活動に関心を寄せ、そのリーダーになることへの意欲を示した。仲間を何人も引き連れPSCに入会してくれた。本気でPSCの活動に取り組んでみたいと思ってくれたようであった。

　Mは、これからのPSCをどうしたいのか、自分ならどんな事業を展開するのか、その方針を書いて示してくれたのである。確かに、今までとは全く異なる視点からの提案で、見方によっては「大胆すぎる」「PSCが変質してしまう」との懸念がなくはなかったが、それでも私自身はその『意欲』を大いに買った。もちろん信頼を寄せる人への相談も事前にしていた。一部の理事は「おもしろい」と受け入れてくれた。が、全体に諮った理事会では結局受け入れられなかったのである。私が理事会に諮る前にいわゆる根回しなど一切していなかったことも大きな要因であろう。しかし、旧くからPSCに係わってきた理事のなかには彼の履歴に対する拒絶反応があり、結局断念せざるを得なかったのである。当時設け

ていた評議員のひとりがMの履歴を詳細に調べたらしく、つながりのある理事とともに強力に反対したのであった。

　この失敗から、ますます後継者選びは慎重かつ理事会で受け入れられる人でなければと、さらにハードルが高くなった。とはいえ、反対した理事や評議員たちがMに代わる代替案を持っていたわけではなかった。あるいは後継者選びそのものに代わる提案をしてくれたわけでもなかった。ここがPSCというNPOにとっての「ネック」と言えば言えた。

　というのは、もともと成り立ちが企業との協働を掲げていたことから、理事は企業人、NPO経営者、そして行政経験者、大学教授らで構成されていたが、大企業から理事になってくれた人の中には、まさに「充て職」で係わっている人も何人かいた。自然、PSCの経営に責任を持つという意識はあまり強くはない。旧くから役員をしてくれている人の中には経営に強い関心を持って接してくれる人もいるが、スタッフの採用や給与などは基本事務局内部のやりくりに任されており、これまで口出しすることもほとんどなかった。事務局長についても然りであった。創業者でもある私が当初事務局長をしていたことにもよるのであろう。

　全幅の信頼を寄せてくれていた飯田経夫初代代表理事の死去（2003年8月）に伴い、代わって代表理事になったものの、実質事務局長兼務の状況が続いていたのであった。いや、この間何度か、まずは事務局次長を経験してから事務局長に登用しようと、ハローワークで募集したり、あるいは自ら企画を持ってきたりしてくれる人もあったが、やはり、理事たちの眼鏡にかなわないことも多く、それを察知してかすごすごと退散してしまう男性たちが多かった。もちろん給料の安さもそれに輪をかけてはいたのだろうと推測する。また講座生から事務局を担ってくれるようになった女性事務局長候補は、いつの間にか病気を理由に姿を隠してしまったことがあった。「おかしいなあ」と理由が分からず不思議に思っていると、しばらく経って彼女の小さな不祥事が発覚したこともあった。

瓢箪からコマは出るか

　さて、そんなこともあって、振り出しに戻った後継者選びは、2014年

秋の私の癌発覚によってますます本気にならざるを得なかった。それまでほとんど病気をしたことのない、自他ともに認める元気印の私が、後継者はもちろん組織上のこうしたいくつものトラブルなどによって、徐々にストレスをためていたのだろう。胃が痛くなって医院に検査に行って発覚した。2014年、「第11回日本パートナーシップ大賞」が進んでいた最中であった。幸い初期の発見でわずか2週間の入院手術ですんだものの、やはり組織をどうするか、ますます後継者について考えざるを得ない状態になってきていた。もちろん年齢的なこともある。

　そこで、パートナーシップ大賞の最終プレゼンの場で「事務局長募集」を正式に行うことにした。前回の失敗があるので、理事会にも事前に諮り、チラシも作り、ホームページにも出した。もちろん、個人的に当たれる人には当たってみた。東京の人、大阪の人など、思しき人には声をかけ、紹介していただいたりもした。名古屋にこだわらず直接会って話したりもした。日本NPO学会で発表の機会を捉えて、もしかしたら大学院生などで就職先を探している人がいるかもしれないとチラシを置き、パートナーシップ大賞の書籍販売をしながら声もかけた。

　ちょうどそのNPO学会の帰りだった。東京駅から新幹線に乗ったとたん、携帯電話が鳴った。「事務局長に応募したいんですが」との男性の声。「ちょうど静岡から東京に向かっている」のだと言う。すぐさま「では品川でおりますので、ホームまで来ていただけますか」と告げ、品川駅で降りて新幹線を見送ったあと、ホームでその見知らぬ男性を待った。何度か携帯でのやり取りの末、ホームで会い、男性とともに品川駅構内にある喫茶店に行って、はじめて正式に挨拶を交わし、いろいろと話をした。大企業でCSR担当の経験もあると言う。しかも、ボランティア休暇を取って海外で障がい者と係わった経験を持ち福祉への関心が高いこともわかった。NPOやNGOへの理解もある。しかも、この3月31日で早期退職を予定しているという。その先が確定している訳でもない。条件としてはぴったりではないか。人当たりも柔らかい。「改めて面接に来て

ほしい」とお願いしてその場を分かれた。

　面接には、理事・監事の２人に同席してもらった。直接見てもらって判断してもらおうと思ったのである。そして池上直樹さんが、役員合意のもと事務局長候補として迎え入れられたのである。人物に全く問題はない。それどころか、PSCが求めていた人にぴったり合致していると、同席した役員たちも太鼓判を押した。以前Mに反対した役員もいた。ただネックは、静岡在住、名古屋を拠点にしてということには至らなかった点である。名古屋に住まいを構えてもらえる程PSCから給料が出せる訳ではない。彼自身、東京への新幹線通勤が終わり、ようやく家族との時間がとれる静岡で独立しようとしていた矢先でもあった。PSCの事業内容は自分にぴったりだとの確信を持ってくれてはいたが、当面雇用保険をもらいながら係われる範囲で係わっていきたい、との意向を示したのであった。

　やむを得ない。先行き不安なPSCに全面的に身を任せるわけにいかないことは百も承知だ。それでも「やってみたい」と言ってくれる池上さんに期待するしかなかった。むしろ雇用保険が出ることでPSCの経済的負担が軽減されるという利点もあった。彼にとっても、PSCに係わることで、静岡のNPO関係者や行政との関係がつくれることはプラスと言えた。実際、すぐに静岡県の委員にも採用された。

　浜松でのCSR関係の講演の仕事もすぐに取ってきた。これまでPSCがやってきたCSRの取り組みを、企業向けの分かりやすいパンフレットに作り替えた。PSCに依頼のあった研修に、企業をよく知る講師として派遣もした。名古屋に来るたび事務所に近いカプセルホテルに泊まるなど、できる努力は最大限してくれた。が、１年後、子どもの大学進学に合わせて再び東京に行くことになったのである。2016年３月であった。

　事業量が大幅に減り、収入減が続いていった。スタッフたちも努力をしなかったわけではないが、新たに自分で開拓することはなかなかできなかった。代表である私の手術入院という現実の前に、「自分が担わなければ」との自覚と決意が出てくるのを期待した。が、現実はそうはなら

出会いと感謝　　　　　池上直樹（CSR・協働コーディネーター）

　私は企業でCSRを担当し、個人でもボランティア休職などの社会活動を経験してきました。そのため、企業と社会の両方の視点から社会問題に取り組めるのが、私の強みだと考えています。そのため当時、早期退職して組織の枠を超え、自分にしかできないことにチャレンジしようと思っていました。

　そして、「NPOと企業の協働セミナー」を展開し始めた頃、静岡の中間支援組織の方から、「池上さんにピッタリのポジションを募集しているよ」と、PSCの事務局長候補の募集を教えてもらいました。私がこれから取り組もうとしていた「NPOと企業の協働」に、既に20年近く取り組んできた団体がある。すぐに岸田さんに連絡を取り、静岡から名古屋に通いながらお手伝いさせていただくことになりました。

　岸田さんと品川駅で初めてお会いしたとき、なんて人を惹きつける魅力のある方だろうと思いました。会ってお話しするにつれて、その世界に引き込まれていきました。物事をポジティブにとらえ、多くの人の共感を得て、どんどん巻き込んでいく。一緒に取り組む時間を過ごせて、とても幸せでした。

　しかし結局大したお役に立てず、事務局長候補としての期待にはお応えできませんでした。本当に申し訳なく思っています。私にとって、PSCでの経験は貴重な財産となりました。岸田さん、理事やスタッフの皆さん、関係者の皆さんに、心より感謝いたします。岸田さんとPSCの情熱は、きっと何らかの形で引き継がれていくと思います。私も、今後の活動と人生に活かしていきたいと思います。ありがとうございました。

　なかった。入院2週間で早々に復帰した私は、何とかこの状況を打開したいとは思ったものの、ここでまた自分が1人踏ん張って仕事を増やしたとして、それが一体何になるだろう、という思いがよぎった。

　あえて「無理はしないでおこう」と決めたのは、病気の後だったことも確かに大きい。退院後はすぐにほぼ日常の生活に戻ってはいたが、胃がなくなった分、その時々で食事が摂りにくかった。10kg近く減った体重はなかなか元に戻らない。「なるようになる」と腹を決め、「後継者が決まらなければ20周年を機にPSCを閉じよう」と自分の中で心を決めた。

　そんな時である。「第12回日本パートナーシップ大賞」の開催で再びた

くましくなったNPO法人Aの２人に出会ったのは。彼らの「やってみたい」との申し出に、「まじめにやっていればこんないいこともあるんだ」と、まさに天からのプレゼントのように思えたのだった。

パートナーシップ大賞と後継者

　2017年5月28日、日曜日の午後、名古屋市中区栄のYWCAビルの一部屋でPSCの定時総会が行われた。かつては50人を超えたことも珍しくなかったが、ここ数年は20人程度の参加者である。今年はその中に、これまで総会に参加したことのない顔ぶれが何人かいた。後継者を表明してくれたNPO法人Aの理事長、事務局長、そして４月からPSCの事務局を担ってくれているK事務局員である。

　2017年度のPSC総会で司会進行をし、事業計画を発表したのがKであり事務局長であった。パートナーシップ・サポートセンターのメンバーとして、である。組織そのものがNPO法人Aに代わったわけではない。

　総会は、議長のもと、滞りなく進んだ。総会に引き続いて行われた「ミニ講演」では、理事長と事務局長が掛け合いでAの歴史と事業を紹介、そしてなぜPSCの後継者に手を挙げたのかのいきさつについて語った。この瞬間、彼らが後継者として受け入れられ、そして、あきらめかけていた私の長い長い後継者探しが、この時終止符を打った。と、そこにいた誰もが思った。20年の重い荷を下ろせる喜びが、私の心を軽くしていた。

　NPO法人Aの2人と久しぶりに出会ったのが冒頭で紹介した第12回日本パートナーシップ大賞であった。この時優秀賞に輝いたのが、Aと大手企業による事業であった。彼らに出会ったのは、10年前の2007年のことである（「第2回企業＆NPO協働アイデアコンテスト」）。そのとき彼らは20〜30代の若者で、最優秀を手にして壇上で涙する初々しさ、心やさしさに、私たちも一緒に泣いて笑って拍手した。

　が、久しぶりに壇上で見上げた彼らは30代、40代となってたくましくパワーアップし、三たび「パートナーシップ大賞」に戻って来たので

あった。そして、表彰式前のわずかな時間に、彼らは私のところにやって来て、握手を求め、「会いたかったー！」と言ってハグしてきた。

それから約 2 週間後の2017年 3 月22日夜。名古屋の古民家風イタリアンレストランに、Ａの理事長と事務局長、そして大学教授のＴ先生と私の 4 人が揃った。パートナーシップ大賞で久しぶりに会ったあと、「改めてゆっくり話がしたい」と、彼らから声がかかったのである。

パートナーシップ大賞をねぎらいたい気持ちもあった私は、「もちろん」と返事をし、また今回の応募に一役買って下さっていたＴ教授も同席することになった。Ｔ教授は、賞の調査員で彼らの事業の推薦者でもあった。

乾杯の後、互いのねぎらいのことばに次いで出てきたのは、理事長の「僕たち、成長した?」との問いかけであった。「もちろん！」と、心の底から同意した。そういえば数年前、ずっとPSCの後継者を探していた私は、実はこの 2 人にも声をかけたことがあった。「あなたたち、PSCをやらない?」後継者がなかなか見つからず少々焦りもあったのだろう。わずかな可能性でも、「この人なら」と思う人には声をかけていた。協働アイデアコンテストで見せた彼らの若さとまっすぐさに、資質ありと見込んでのことでもあった。

その時は、「いや、自分たちにまだその力はない」といった趣旨の言葉で、引き受けてはもらえなかった。確かに、彼らのやっている現場とPSCの事業では、あまりにも事業内容がかけ離れている。「やれ」という方が無理と、その時はすごすごと引き下がったのだった。まだこちらの後継者探しの本気度もそれほど差し迫ってはおらず、打診という段階で、相手の反応を見ていたのかもしれない。

しかし彼らは忘れていなかった。「もちろん、ものすごい成長だね」と私が応えると、「我々も、そろそろ次の手を打ちたいと考えている」と話が展開していった。「成長したと言ってくれてうれしい。ようやく自分たちにもやれそうな気がしてきた」とPSCおよびパートナーシップ大賞について「継承していきたい」「事務局を担ってもいい」と力強く言ってく

れたのである。

「ホント?! ホントに!」と、私は何度も２人に確認した。まさか、そんな話がこの場で出てこようとは！「Ｔ先生、証人になってくれる?!」と、彼らの言葉がひっくり返らないことを祈って、小さく叫んでいた。そして私は、PSCの現状について、「あと１年、後継者がいなければ閉鎖することも視野に入れていた」と、まだオープンにはしていない私の心情を彼らに吐露していた。

次の週の３月27日月曜日、もともと予定されていたPSC理事会で、この急展開を話すことになった。彼らにも、この理事会で承諾を得るまでは正式に決まったわけではないことを伝えておいた。数年前、私が連れてきた事務局長候補が理事たちの承認が得られず、結局ご破算になってしまった苦い経験があるからであった。しかし今回ばかりは理事たちも、ここ数年のPSCのきびしい現状を見ながら、「代表がこれ以上無理というなら仕方ないだろう」くらいに、半ばPSCの存続をあきらめかけていた。それだけに、この申し出を理事全員が心から賛同してくれたのであった。

その大きな理由の１つは、多くの理事が団体を、そして理事長や事務局長をPSCの事業を通じて知っていたからである。同時に、専門技術を持って収入源を確保している組織への期待感も大きかった。それだけ中間支援NPOの組織継続の難しさを、ここ数年、理事たちも痛感していたのである。

年度末の３月30日、早速、理事長、事務局長の両名と、この３月まで行政職員だったKの３名がPSC事務所にやって来た。PSCの現状をどう立て直していくのか、あえて会員減に手を打っていないことや新規事業の開拓を控えている現状などをできるだけ正確に伝え理解を求めた。これからPSCの事務局長を担っていくＩは、「全盛期を取り戻したい」、「2018年の総会で"ドカン"とやりましょう！」と決意を表明してくれた。

こうして2017年４月、PSCは再生に向けての第一歩を踏み出した。５月のPSC総会で彼らはミニ講演を行い、「企業とNPOの協働支援」のPSCの後継者として、初めて公に名乗りを挙げたのである。

　それから1年。2018年度もすでに始まった4月下旬。次期理事長、事務局長として名乗りを挙げた彼らが、突如理事を辞任、事務局長を退職するというメールが飛び込んできた。5月の総会を目前にしてである。

　彼らが「やりたい」「やらなければならない」といった言葉にウソはないだろうと信じ、時に「自分たちにはできない」と弱気になる彼らを全面的にサポートし、「やりたくなった時にやれる状況だけはつくっておいてあげよう」と決意していた私にとって、それはあまりにも唐突であった。当初予定のなかった東京進出が新たな事業として加わったことが、彼ら自身の余裕をなくしていったのか。それにしても、2017年度の事務局責任者としての会計報告もまだなされていない。彼らを迎え入れた理事たちも、もはやその無責任ぶりに、誰ひとり引きとめようという者はいなかった。こんなにも見事に期待を裏切れるものかと、人間不信を通り越して唖然とせざるを得なかった。一体背景に何があったのだろうか。後継者問題は、またもや頓挫したのである。

NPO承継という難問と持ち越した課題

　同じNPOの立場で、レスキューストックヤードの浦野愛さんは言う。「人それぞれ得手不得手もあるので、創始者の運営手腕やスピード感をそのまま受け継ぐのは難しいし、相当な覚悟と気持ちの強さも必要」。それを考えれば、「今の組織の形は一代で終わってもいいのかも知れない。法人のマインドさえ共有できていれば、あとは次を担う人たちが自分たちで考えて、また新しい組織を作っていけばいい」と語る。

　そして「働いても働いても法人に残るお金が少ない。組織基盤の強化について集中して考えたり議論を交わす時間も十分に取れない」と吐露する。災害救援というミッションをもつNPOということもあって、災害が起これば被災地に飛んで行き、一方で委託事業など日常業務も同時並行で進めなければならない。被災地でのボランティアコーディネートなどの企画、運営、調整力は、まさに経験がものをいう職人みたいなところもあるのだ。状況に応じて日々やることは変化していく。そこに、楽

しさやりがいを見出したり、自分のアイデアや行動次第で、人脈や活動分野を無限に広げていける自由度を面白いと感じられれば、これほど面白い仕事はない。

しかし、「そういう人材とは簡単には出会えない」。「人が育つまでには時間がかかるし、災害救援という特殊な分野ということもあって、時間の制約・経験知・創造性・体力・気力ともにハードな仕事と捉えられがち。若者がついてきづらいのではないか」と思うのだ。

中間支援であるPSCの現状にもかなり近い。創業者とともに組織を担ってきた浦野さんだからこそその本音であろう。今後についても、「雇用環境や人材育成の考え方、事業の展開方法など、いろいろと変えていかなければいけないとも思う」と多くのNPO共通の悩みでもある承継問題にも言及した。

PSC初期の段階から企画運営委員としてかかわってくれていた「あいち骨髄バンク」を支援する会の水谷久美さんは、当時を振り返って「PSCとかかわっていたから今のような幅広い活動ができるようになった」とその役割を認めてくれるが、「日々の活動の中で、一区切り見えた段階で、手放すというのも大事だと思う。勇気があれば。」と言う。「私もそうしようと思っている部分はある。でもボランティア達がそれはまだです、私たちがやりますって言われると、結局同じことを繰り返してしまう。なぜなら私たちに正直ゴールはないから」と、同じような立場で揺れる現実を語ってくれた。

PSC との「出会い」と「今後」

水谷久美（あいち骨髄バンクを支援する会）

　PSCと当会の「出会い」は三井住友海上火災保険名古屋ビルでのアイデア交流会。自分たちがどのように社会貢献という形で社会と関わるかなどが分からない状況の中、企業とNPOが事例を発表、報告しながら接点を見つける活動。「何か面白いな、関わることで当会も何かできるかもしれない」と思ったのがきっかけでした。PSCと関わることで企業とのつながりもできるかもしれないという位のイメージでした。その後、企画運営委員として関わらせていただき、ご一緒させていだいた企業はデンソー、トヨタ自動車、三井住友海上火災保険。NPOとして団体参加させていただくことによって骨髄バンクや当会の活動をさらに理解していただけました。とても力強かったです。

　あいちの会の活動が始まって30年以上が経過し、今後を思うが岸田さんのように「覚悟」が未だ持てません。PSCの活動もゴールはないと思いますが岸田さんのように区切りをつける勇気がないというのが本音かもしれません。移植を必要とする患者がいる限り骨髄バンクや私たちの活動は続きます。であれば活動を続けていかなければならない。しかし、自身に区切りをつけたら30年積み上げてきた信頼関係や実績ははたして継続していけるか……。「勇気」がないのかも知れません。当会理事長は「同じことはできないが、会は継続できる」と言います。実績は残ります。信頼関係は次の人材が作り上げたもの、積み上げたものを大切にしていくことにより今までとは異なった信頼関係ができていく。であれば良しとする。う〜ん、なかなかそこに至りません。とはいえ、いつまでも自身が続けることができないのはわかっています。

　このように今後のことを考えることができるのも岸田さん、PSCと関わっているから。PSCは社会貢献活動をするにあたっての様々なことを考えさせてくれます。PSCとの「出会い」と「今後」を大切にこれからも活動を続けていきたいと思っています。今後ともどうぞよろしくお願いいたします。

あらためてPSCの役割とは何だったのか。次代へ持ち越した課題とは何か。PSCの理事たちに再度登場願おう。

　まずは、同じNPOの中間支援組織の事務局長という経験を持ち、その後行政の中にも深くかかわってきた経験を持つ市川博美理事。私が最も信頼を置く１人で、横浜や東京など彼女が活動していた場所に出張した時には常に相談相手になってもらった。何と言っても触れておかなければならないのは、私の後継者は彼女と決めてほぼ90%決まりかけていたのだが、彼女にとってもある意味青天の霹靂とでも言おうか、突然の結婚という事態で状況が一変してしまった。このことが後継者選びのその後に大きく影響していることは間違いない。

　もちろんおめでたいことなので、その後は理事という役職で責任（？）をとってもらっている。数々の人材育成や企業向けCSR推進ワークショップの講師など、PSCの事業でも大いに活躍。パートナーシップ大賞の調査や最終プレゼンの進行でもその力をいかんなく発揮してくれた。今は実家のある長野に居を移し、請われて教育現場で副校長になっている。

　彼女は言う。「長野県の中間支援センターの事務局長と常務理事をしていたこともあって、その組織を常に頭の隅に置きながら比較すると、PSCは自分の作ってきた組織よりもずっとこなれたNPOの支援組織であり、ミッションも明確。事業ひとつとっても、営利組織（FPO）がもつスキルにNPOとしてのエッセンスを加えることでNPO法人らしさが出る。FPOが手を出し難い事業分野というのは、結局スキルの積み上げが難しく、ノウハウも不明瞭だからではないか。その最たるものが中間支援組織がカバーしている事業分野だ」と。

　「本来「弱者対策や支援」という分野を税金で担ってきたのが行政だった。福祉がその最たる例だ。しかし、価値観や生き方が多様化する人々を包括するような支援体制や支援事業は、そのノウハウや多様な見地を持たない行政にとっては限界があり、それらを持つNPOが行政にとって代わり始めた。その１つが、中間支援組織だ。にもかかわらず、行政はあらゆる情報、場所、人材、そして人件費を含む資金もNPOとは雲泥の

「パートナーシップ」の理念は色褪せない

市川博美（グローバル教育支援センター代表、
学校法人創造学園高等学校副校長）

　岸田代表と最初にお会いしたのは、1999年の春、東京を拠点とするNPOサポートセンターが主催する全国NPO支援センター会議の場だったと思います。まだNPO業界に足を踏み入れたばかりの地方NPO支援センターの私にとって、すでに「パートナーシップ」を掲げてNPOを組織化し、活躍されていた岸田代表は、当時から歯に衣着せぬ明快な話しぶりが光っており、会議に揃った全国の支援センター代表の中にあって、革新リーダーに相応しいオーラを放っておられました。

　NPOのあるべき姿や、全国に点在する支援センターのあり方についての岸田代表の考え方と、私が感じている方向とはどれも納得できることばかりで、推進事業についてもアドバイスいただくことが多々ありました。2002年には、NPOサポートセンターの山岸代表が厚労省と折衝しながら企画を打ち出していた求職者対象のNPO職業訓練のプログラム開発に岸田代表と一緒に関わらせていただき、完成・実施したことも思い出深い実績です。

　2008年にフリーランスとなってからは、PSCの事業に関わるようお声掛けをいただき、職業訓練プログラムをはじめ様々なPSC事業に関与させていただくことになりました。2009年にはPSCの理事の一員に加えていただき、岸田代表の組織内での采配や在りようを学ぶ機会をいただいたことは本当に光栄でした。

　継続的にPSCの事業の一端を担わせていただいたことで、NPO法施行後のNPOと社会の変化を肌感覚で得ることができ、それが都度の自分自身の仕事に影響を与えていたことは確かです。当時のリーダーたちの思いの現状評価は評論家に委ねるとして、PSCが掲げる「パートナーシップ」の理念は、どの時代にあっても課題となる「異なる立場の者（組織）の相互理解と協働」に迫るものであり、いつになっても色褪せることはありません。

　私は現在、高校教育の現場におり、15歳から18歳までの若者に対し、「異なる価値観が入り乱れる国際社会で役立つ全人教育」を掲げる新たな試みに挑んでおります。こうした革新的試みの場でも、PSCに関わらせていただく中で培った視点・感性を活かせる場面が多々あります。

　これからもPSCの理念やメッセージが、関わる方々の現場やネットワークによって、多様なフィールドに広がっていき、あるべき市民社会の構築に寄与していくものと確信しています。

差で所有している。そのギャップを直視せずにNPOが理念だけでまい進できるはずはない」と続けた。

　例えば、彼女は自身の組織の代表から、「委託事業漬けになったら終わりだよ」と言われ続けたが、行政が前例踏襲で実施している非効率かつ経費無駄遣いの事業があったとすれば、「それを委託事業として、プロであるNPOがやることが正当ではないか」と考える。ましてや、中間支援組織の支援対象は、「福祉」や「国際協力」のように一般の人たちにわかりやすいテーマではない。「何かシンパシーを感じなければお金は動かない。でも残念ながら中間支援組織の活動そのものに市井の人々のシンパシーは動かない」と、NPO中間組織の共通の悩みを浮かび上がらせた。彼女自身が10年来行っているネパール支援活動は、シンパシーで寄付が集まっている現実との差をよく知っているのである。

　「自分の組織の理事たちを説得してきたのは、委託事業を単に物もらいだと考えるのではなく、そもそも行政がやってきたものが本当にニーズに合っていたかどうか、NPOセンターに任せてもらった方が、ずっと効果的で経済的、効率の良いサービスができるという確信があった。それが、NPO法が成立した時のNPOの真髄だったはず。今まで漫然と税金が使われていたものを問い返すのがNPOではないか」と、NPOの本質にまで言及した。

　まさに、税金をいかに有効に使うか。「税金を正常な形で私たちが使います」と、堂々と企画書を持って「私たちに任せてください」というのが本髄だと言うのである。行政内から、NPOに委託事業として出される経費の中でとりわけ人件費が7〜8割に削られてくる。そういう現実で果たしていいのか。削るお金は人件費、という点がまさに問題だと指摘する。NPO施行後20年経ってもこの分野での着地点はまだ見えてこない。

　ちなみに、あるNPO代表からも同じような声を聞いた。

　「行政は指定管理者制度でいろいろな事業を外に出していく。それぞれ専門性もあってスリム化などで良いのかもしれないが、その指定管理に対して何を求めるか。指定管理に出すべき事業だったのかを含め、外部

評価がきちんとできているのだろうか」と疑問を投げかける。「いつまでたってもボランティアから脱せない」と、NPOの専門能力を評価しない行政のあり方を痛烈に批判した。

　行政の話が出たので、PSCに関係の深い視点で話を進めよう。

　河井孝仁理事は、もともと静岡県の職員であった。現在は東海大学教授として「シティプロモーション」という独自の理論で行政内部の改革に大いに貢献している。理事として常に冷静な目で意見を述べ、PSCの社会的役割についても言及しながら方向性を示してくれた。

　「これまでPSCがインターミディアリー（中間支援組織）としてどんな機能を果たしたのか。一般的にインターミディアリーはNPOが生まれ始めた時には、〈行政とNPO〉、せいぜい〈NPOとNPO〉といった発想だった。〈企業とNPO〉という発想は当時としても非常に独特で、差別的優位性をもっていたと思う。NPOと企業との関係について専門性を持って考えて行ったのもPSCならではだ。その先導的な立場でパートナーシップ大賞を振り返ると、当初は『企業がNPOを支援します』で、NPOが企業に何ができるかといった視点はあまり強くなかった。PSCはずっと、企業の社会的責任というのは自らの企業の利益につながらない限り持続性は生まれないと言ってきた。が、企業とNPOの連携が企業にとってどんな価値をつくっているのか、必ずしも金銭的な価値だけではないということも言ってきた。それがPSCとしての重要な視点だった」と語る。

　PSCのミッションである「企業とNPOとの協働」によって社会をどう変えていくのか。パートナーシップ大賞は、企業がどれだけNPOを支援したのか、単にNPOを支援した企業を褒める事業ではない。どれだけ地域や社会に影響を与えられたか。企業が変わる、変容する、NPOも企業もそのパートナーシップによって変わることが大事だと。それを「成長度」「愉快度」という言葉で表現してきた。愉しみながら地域を変える、社会を変える。そして自分たちも変わっていく。それを評価軸に据えてきた。当時はNPOをどう評価するのかの視点だったが、そうではなく、事業を評価するという視点持っていた。それによって社会的インパクト

がどれくらいつづくのか。それによって本当に世界が変わるのかという深い背景を持ちながら考えていたというのは強い」と河井さんは評価する。が、同時にPSCとして足りなかった部分も明らかにした。

「しかし残念ながら、しっかりしたインターミディアリーとしては成立しなかった。企業とNPOのパートナーシップ自体は広がっていったけれども、それはインターミディアリーが介在しない形で相互にたまたまマッチングの事例が残っているだけで、最も合理的な形での組み合わせというのが他にあったのかもしれない。企業にとっての駆け込み寺となるような、あるいは企業を気づかせるような仕掛けとしてのパートナーシップを中間支援するような組織にはなれなかった」と分析する。

いつまで経っても、企業はNPOを助けているという視点に留まっている。自分たちの弱みを互いに補完し合おうと我々は言ってきたが、多くの企業にとってそれは一般化しなかった。インターミディアリーはいらない。自分たちの都合のいい相手と組めばいい。都合のいい相手は飛び込んでくればいい——、そこでとどまっている、と指摘する。本当は自分たちの弱みは何なのか、「その弱みを補完する相手がここにいます」と言えて初めてインターミディアリーとしての意味がある。「それでは世界は変わらない。そこに行政の出番がある」と河井さんは言う。「企業とNPOって公務員から見ると、まるっきり見えない世界。それを見せること。今はそれを、公務員が企業へのインターンとか派遣みたいな形で人を育てていこうとしているんだけど、実はインターミディアリーであり、企業とNPOの両方に影響を与えることができるPSCのような組織がそこに係わることで、公務員個人を変えていく仕掛けが必要ではないか」と言うのである。

まさに私自身の想いも半ばそこにある。協働推進のしくみづくりの図（第4章P.90参照）が意図した、各々の役割を果たすための「仕掛け」が求められているのだ。そんな課題を残して、20年の幕は下りる。次の新しいステージに立つ、次代を担う人へのエールでもある。手渡すべき地図とコンパスが20年前より少しは新しくなっていれば幸いである。

あとがき

　当初予定していた本の構成を、最後の最後になって一部変えざるを得なくなったのは、まさにこの本のある意味「主役」でもある「後継者」の問題であった。

　2018年度からは私よりずっと若い人たちにバトンタッチできると心から楽しみにしていたのに、新しい年度に入ってゴールデンウィークもすぐそこという時になって、急遽のドンデン返しに遭い、その分時間を要することとなった。

　それでも何とか出版まで漕ぎつけることができたのは、昨年来多くの方から寄せられていた関係者たちの「エピソードシート」であった。PSCの歴史とともに、彼らの貴重な声や想いを、何としてでも残しておかなければという使命感に支えられていたからかもしれない。その意味では、エピソードやコメントを寄せてくれたり、ヒアリングに参加してくれた50人近い人たちに、心からの感謝を申し上げなければならない。

　PSC20年の記念出版をしようと決めた時から、彼らに「PSCに係わるようになった経緯」「PSCがもたらした重要なこと（もの）は何か」「その理由」「PSCで印象に残っていること」などを自由に書いてもらうことにした。徐々に集まってきたのは、20年を振り返るにふさわしい、その時々を彩り支えてくれた人たちであった。温度も距離感もさまざまな「証言」であった。もちろんこれだけでPSCの20年すべてを言い尽くすことは不可能だが、その一端を読み取っていただくことは可能であろう。

　時あたかも「米朝首脳会談」に世界が釘付けになっている最中。その中で日本は日本の立場を改めて意識するのと同じように、NPO方ができて20年、「NPOと企業の協働」「その推進」というミッションを掲げたPSCが、その間、何を成し遂げることができたのかできなかったのか。その立ち位置や役割を改めて問い直したのが、この本である。

果たしてミッションは達成できたのか。意図した役割を果たせたのか。

　「協働」が当たり前の時代となり、それなしに地域も社会も動いていかなくなった。まさにマルチセクターによる協働である。NPOも企業もその主要なセクターであることは言うまでもない。「パートナーシップ大賞」がその端緒を切り拓き、重要な役割を果たしてきたと高く評価してくれる人もいる。企業もNPOも協働を通じて育てられてきたのも事実であろう。もちろん私たちにも少しの自負はある。

　しかし、タイトルで示したように、「協働」は当たり前になっても、それが必ずしも「対等」とは限らない。本来「パートナーシップ」は、その言葉のなかに「対等」を組み込んでいるのである。その意味でミッションが達成されたとはまだ言い難い。

　とはいえ、それは時代を超えて受け継がれていかなければならない「課題」でもあろう。まさに「意識変革の課題」として次代への贈り物でもある。「後継者」を特定することはできなかったけれど、20年前よりは、少しは地図とコンパスを新しくして手渡すことができたのではないか。

　名古屋という地で、世界を捉え、協働評価に挑み、「パートナーシップ大賞」を生み出してきたPSC。それを起点に多くの独自の事業を展開してきたPSC。その真っただ中で、それぞれの力を発揮し続けてくれた理事、企画運営委員、調査員、そしてそれを支えたスタッフ、ボランティア、インターン等々、多くの関係者に心からの感謝とねぎらいの気持ちを表したい。

　そして、この20年の間に、飯田経夫初代代表理事をはじめ何人かの仲間や関係者を見送っても来たが、彼らにも心からの感謝を伝えたい。

　最後に、この本を書くにあたっていろいろアドバイスしてくださった風媒社の劉永昇さんに謝意を申し上げたいと思う。

2018年6月

岸田　眞代

関連文献（PSC企画・編集）

企業とNPOのパートナーシップpartⅠ―サンフランシスコ・ニューヨーク編（1996.11）

企業とNPOのパートナーシップpartⅡ〜アトランタ・デトロイト編〜（1998.6）

パートナーシップで企業は伸びる（1999）

PSCブックレット　NPOと企業の社会貢献―企業は地域に何ができるか―（1999.3）

アメリカの先進事例に学ぶ　評価とインターミディアリー―企業＆NPOパートナーシップ
　　―スタディーツアー inアメリカ partⅢ―サンフランシスコ・ワシントンDC編―（2000.3）

少子化問題プロジェクト会議報告書　日本人がいなくなる??!―今、少子化を考える―
　　（2000.3）

NPO評価と企業評価―その社会的責任―（2001.3）

はじめよう企業とNPOのマッチング（2002.2）

企業とNPOのマッチング意向調査報告書（2002.2）

緑区歴史文化交流支援事業　緑区 歴史のあるまちづくり会議報告書（2002.3）

2001年度　勤労者マルチライフ支援事業報告書（2002.5）

NPOと企業　協働へのチャレンジ　ケース・スタディ 11選（2003.3、同文舘出版）

勤労者マルチライフ支援事業　あなたの仕事災害時に活かせますか？　災害ボランティア
　　体験マニュアル（2003.3）

NPO&企業　協働のための評価システム「第1回パートナーシップ大賞」決定までの評価プ
　　ロセス（2003.3）

2002年度緑区歴史文化交流支援事業　緑区 歴史のあるまちづくり 活動計画づくり報告書
　　（2003.3）

2002年度　勤労者マルチライフ支援事業報告書（2003.6）

環境事業団地球環境基金助成事業　企業と地域住民の協働による "環境と防災" の地図作
　　成事業報告書（2004.2）

東海地震！その時どうする？いまからどうする？　災害時にできることさがし　災害ボラ
　　ンティア体験マニュアル・2（2004.3）

NPOからみたCSR　協働へのチャレンジ　ケーススタディⅡ（2005.2、同文舘出版）

シニアによる社会貢献活動受け入れ先調査　調査報告書（2005.3）

環境再生保全機構地球環境基金助成事業「防災に役立つ環境保全・整備」における参加型
　　コミュニティづくりと情報発信事業報告書（2005.3）

NGOと企業のフロンティア　あなたが描く環境パートナーシップ（2005.12）

平成17年度財団法人長寿社会開発センター助成事業　シニアによるインターンシップ調
　　査＜企業が考える社員の社会貢献活動＞報告書（2006.3）

大量定年時代のシニアの生き方を共に学ぶ　NPOシニア大学！（2006.3）

企業とNPOのパートナーシップ　CSR報告書100社分析　ケース・スタディⅢ（2006.6、同
　　文舘出版）

市民・NGO・企業が協働する未来へ　あなたが描く環境パートナーシップ（2006.12）

平成18年度文部科学省「地域ボランティア推進事業」報告書「企業人から地域人へ」
　　（2007.2）

平成18年度地球環境基金助成事業　企業環境活動等への取り組みに関する調査・分析（2007.2）

平成18年度財団法人長寿社会開発センター助成事業報告書「企業からNPOへ」インターンシップの手引き（2007.3）

平成18年度地球環境基金助成事業　企業環境活動等への取り組みに関する調査・分析（2007.3）

平成18年度福祉のまちづくりリーダー養成"フォローアップ"事業報告書（2007.4）

CSRに効く！　企業＆NPO協働のコツ（2007.10、風媒社）

市民・NGO・企業が協働するコミュニティへ（2007.12）

市民・NGO・企業が協働して生物多様性の豊かな社会へ（2008.1）

平成19年度地球環境基金助成事業　企業の環境・CSR活動への取り組みに関する調査・分析II報告書（2008.3）

「第5回パートナーシップ大賞」受賞事例集　点から線へ線から面へ（2008.11、風媒社）

企業とNPOの協働による　環境活動促進意向等調査　報告書（2009.3）

平成20年度地球環境基金助成事業　企業の環境・CSR活動等に関する調査・分析および促進に向けたアプローチ・ツールの検討III報告書（2009.3）

中小企業の環境経営（2010.3）

「第6回パートナーシップ大賞」受賞事例集　NPO＆企業 協働の10年 これまで・これから（2010.12、サンライズ出版）

NPOと企業の協働事例調査報告書（2011.1）

2010年度ふるさと雇用再生特別基金による愛知県委託事業　協働事業模擬仕分けモデル市町村ワークショップ事業報告書（2011.3）

愛知県委託事業　子育て支援NPO　人材育成等事業　報告書（2011.3）

「第7回パートナーシップ大賞」受賞事例集　NPO＆企業 協働評価 目指せ！「パートナーシップ大賞」（2011.9、サンライズ出版）

"NPO＆企業"協働コーディネーター　人材育成プログラム（2012.3）

NPO×企業　協働推進Q&A（2012.3）

愛知県新しい公共支援事業「協働＆協創型ネットワーク促進事業」多様な主体の巻き込み方がわかる　ネットワークづくりスタートブック（2012.3）

「第8回パートナーシップ大賞」受賞事例集　NPO×企業 協働のススメ（2012.12、サンライズ出版）

「第9回パートナーシップ大賞」受賞事例集　企業が伸びる 地域が活きる　協働推進の15年（2013.11、サンライズ出版）

自治体職員のためのESDハンドブック（2014.3）

「第10回日本パートナーシップ大賞」受賞事例集　「協働」は国を超えて（2014.9）

「第11回日本パートナーシップ大賞」事例集　広がる協働 企業＆NPO272事例のデータ分析（2016.2）

著者紹介

岸田 眞代（きしだ　まさよ）
特定非営利活動法人パートナーシップ・サポートセンター（PSC）代表理事。
大学卒業後、商社勤務、新聞・雑誌記者、経営コンサルタント会社等を経て、
有限会社ヒューマンネット・あい設立。「リーダーに求められる要件・能力
200問（自己分析）」を開発。企業・行政研修講師。1993年NPOと出合い、
94年名古屋で初のNPOセミナー開催。98年パートナーシップ・サポートセン
ターを設立。2002年に「パートナーシップ大賞」を創設した。各種行政委員
歴任。2018年「第16回日本NPO学会学会賞選考委員会特別賞」。
編著書『中小企業の環境経営』（サンライズ出版・2010年）、『広がる協働』
（PSC・2016年）、「企業とNPOのためのパートナーシップガイド」「女が働く
均等法その現実」「中間管理職―女性社員育成への道―」「パートナーシップ
大賞」第1回〜第10回事例集など多数。

「協働」は対等で
証言で綴るパートナーシップ・サポートセンターの20年

2018年7月7日　第1刷発行　　（定価はカバーに表示してあります）

著　者　　岸田　眞代
パートナーシップ・サポートセンター

発行者　　山口　章

発行所　　名古屋市中区大須 1-16-29
振替 00880-5-5616　　電話 052-218-7808　　風媒社
http://www.fubaisha.com/

乱丁・落丁本はお取り替えいたします。　　　＊印刷・製本／モリモト印刷
ISBN978-4-8331-1126-3